Amalie Struve

# edition  paulskirche

Bibliothek der frühen Demokratinnen und Demokraten

Herausgegeben von: Jörg Bong, Ina Hartwig,
Helge Malchow, Nils Minkmar, Walid Nakschbandi
und Marina Weisband

Idee und Konzeption: Jörg Bong
Editorische und redaktionelle Leitung:
Rüdiger Dammann
Gestaltung: Kurt Blank-Markard

In Kooperation mit:

STADT FRANKFURT AM MAIN

# Amalie Struve

## Sind Frauen Menschen?

Mit einem Vorwort
von Brigitte Struzyk

1. Auflage 2023

© 2023, Verlag Kiepenheuer & Witsch, Köln
Alle Rechte vorbehalten
Satz: Kurt Blank-Markard
Cover: Porträt von Amalie Struve, anonyme Bleistiftzeichnung, o.J.,
mit handschriftlicher Widmung: »Die Erscheinung kann sich
ändern, doch des Herzens Tiefe nicht.«
Reiss-Engelhorn-Museen Mannheim, Graphische Sammlungen
Gesetzt aus der Adobe Jenson Pro
Druck und Bindung: GGP Media GmbH, Pößneck

ISBN 978-3-462-50006-6

## DIE FREIE REPUBLIK
*Vorwort von Brigitte Struzyk*

Amalie Struve war in den Revolutionsjahren 1848/49 eine sehr junge Frau mit dichten, dunklen Locken. Offenbar war sie schlank, gut zu Fuß, bestimmt eine gute Turnerin. Sie aß kein Fleisch und überhaupt sehr unregelmäßig. Vielleicht war sie auch einmal im Rhein baden gegangen wie die rebellischen Männer. Wenn sie Hosen trug, spottete man über sie mit sexistischen Sprüchen. Als die Revolution gescheitert war – an vielen Kämpfen in Baden hatte sie teilgenommen –, riefen Frauen auf dem Bahnhof Karlsruhe, wo sie in revolutionären Tagen schwarz-rot-goldene Schleifen verteilte, ihr hinterher, man möge sie aufhängen.

Die Revolutionäre verwiesen sie auf die für Frauen vorgeschriebenen Plätze. Sie fuhr dem Tross hinterher und beförderte Munition und Waffen. Sie durfte nicht beim Turnverein mitwirken. Das war für Männer. In die Paulskirche hätte sie es nur bis auf die Empore geschafft, wäre es eine Option gewesen, aber sie wollte mehr.

1845 hatte sie Gustav von Struve kennengelernt. Sie muss überwältigend gewesen sein, denn er bezeugte, sich sofort über beide Ohren in sie verliebt zu haben. Struve, studierter

Jurist, gab Zeitungen heraus, deren Leitmotiv die Freiheit war. Nach diesem Treffen dauerte es zwei Monate, bis sie heirateten, sehr zum Verdruss von Gustav von Struves adeliger Familie. Er war nicht nur Gegner des Systems, sondern hatte, was die Republik betrifft, sozialistische Ideale, ohne Standesdünkel und schamlose Ausbeutung.

Amalie war die Tochter eines adeligen Offiziers von Sickingen, aber er war ein flüchtiger Vater, und die Mutter, Elisabeth Siegrist, brachte ihr kleines Kind allein durch, bis sie den Sprachlehrer Düsar traf, der Amalie adoptierte und ein wirklicher Mentor für sie wurde. Sie lernte an einer Schule alles, um Lehrerin werden zu können, was sie dann auch drei Jahre lang war, bis zur Hochzeit.

So heirateten zwei blaublütige Menschen, die mit dieser Klasse nichts zu tun haben wollten, außer ihnen die Tür zum Abgang zu öffnen.

Vielleicht saßen sie am Morgen zusammen in der Küche und debattierten über Gott und die Welt. Sie traten dem Deutschkatholizismus bei, einer mit den revolutionären Veränderungen entstandene Plattform von Kirchengegnern, die aber alle Religionen gelten ließen. Daraus entwickelten sich die Freidenker. Sie wollten das Paradies auf Erden, »Zuckererbsen für jedermann, sobald die Schoten platzen«, wie Heinrich Heine in »Deutschland, ein Wintermärchen« schrieb.

Sie lebten im Biedermeier. Die Bürger, immer noch Untertanen, verbargen sich hinter den artig geputzten Scheiben mit den Musselinvorhängen – das war die Mehrheit –, und die anderen – die Minderheit – rissen die Fenster auf und gingen auf die Straße, um Freiheit zu fordern von dem lästigen Adel, der auch die ökonomische Entwicklung behinderte. So hatte sich der Zollverein gegründet, der die deutsche Einheit vor allem wegen des Handels wollte.

Sieht man die Portraits des Paares an – der reine Biedermeier. Sie sieht streng aus, aber wie sie ihre Berichte verfasste, lässt ahnen, dass sie trotz all der Ernsthaftigkeit lächeln konnte. Auch ihr Mann, neunzehn Jahre älter, sieht streng aus, Tabak, Alkohol und Fleisch waren ihm zuwider, und so erhielt er die Spitznamen »Tugendbold« und »Möhrenmönch«. Er war radikaler Demokrat, einer, der eine sozialistische Republik anstrebte und von den Heidelberger radikalen Studenten lebhaft unterstützt wurde.

Die meiste Zeit ihrer Flitterwochen waren sie getrennt – Gustav kam wegen seiner Artikel im ersten Ehejahr fünf Mal ins Gefängnis. Die Zensur der Gegner suchte ihresgleichen. Wahrscheinlich waren die Momente, wenn sie ihn wieder abholte, das reine Glück für die beiden.

Wo, warum und womit die Aufstände stattfanden, steht in ihren »Erinnerungen aus den badischen Freiheitskämpfen«. Für Amalie war das Leben an der Seite ihres Mannes keine Gefolgschaft, sondern ein Bündnis.

Die Revolution scheiterte aus mannigfaltigen Gründen, die Machtverhältnisse waren ungleich und die Reaktion siegte: »*Dieselbe Geißel, welche über Deutschland geschwungen wird, rafft auch ihre Opfer dahin in Ungarn, Polen und Italien.*« Viele Revolutionäre im erstrebten Deutschland wurden hingerichtet oder zu langen Haftstrafen verurteilt. Dem zu entkommen, mussten die Struves fliehen.

In London, wo Amalie »Die Erinnerungen aus den badischen Freiheitskämpfen« niederschrieb – das Buch erschien

1850 bei Hoffmann und Campe in Hamburg (es wurde gleich verboten) –, fühlten sie sich nicht wohl. »Geld und wieder Geld ist der große Hebel«, so beschreibt sie den dort siegreichen Kapitalismus. Karl Marx, der auch in London lebte, ist ihnen niemals über den Weg gelaufen. Merkwürdig, sie waren Sozialisten. Sie wollten weiter.

1850 emigrierten sie in die USA. 170 000 Auswanderer waren unterwegs, viele Revolutionäre unter ihnen wie Friedrich Hecker, Carl Sturz, Franz Sigel. Sie erreichten Die Vereinigten Staaten von Amerika, die einzige wahrhaftige Republik, die »Neue Welt«, und ließen sich in der Nähe von New York nieder. Die Demokraten fanden sich zu neuen Gruppen zusammen, es gab natürlich auch Rivalitäten, aber sie halfen den amerikanischen Republikanern auf die Beine und kämpften im Bürgerkrieg gegen die Sklaverei. Gustav Struve wurde Major in diesem Kampf.

Es gab zig neue Zeitungen der deutschen Demokraten, erfolgreiche und kurzlebige. Bald erschienen Amalies Beiträge in den Zeitungen, die Gustav Struve herausgab, Beiträge, die sich alle mit der Spannung zwischen Menschenrechten und Frauenrechten befassten. Amalie hatte Anstellungen als Lehrerin gesucht, wenig Erfolg gehabt, es waren viele Lehrer unter den Emigranten. Das Ehepaar Struve gründete in New York zusammen mit Anton Füster die Freie Deutsche Schule, Gustav Struve den New Yorker Turnverein. Sie waren in den USA unterwegs, fuhren zu Zusammenkünften und Festen, Gustav Struve und Gottfried Kinkel waren zu einem patriotischen Fest 1851 in Philadelphia, Amalie war sicher auch dabei und erlebte die amerikanischen Emanzipationsbestrebungen.

In ihren Artikeln pocht sie auf wahre Gleichberechtigung für Frauen und Männer, die auch die »Neue Welt« nicht kannte. Im Land der unbegrenzten Möglichkeiten waren trotz der Unabhängigkeitserklärung, in der »Alle Menschen sind gleich« stand, die Frauen dem gleichen Druck ausgesetzt wie in Europa, Amerikanische Frauen vom Schlage Amalie Struves versammelten sich 1848 zum Frauenrechtskongress in Seneca Falls und verabschiedeten das Manifest »Declaration of Sentiment«.

Die Suffragetten forderten lauthals Wahlrecht für die Frauen, sie leisteten passiven Widerstand, störten offizielle Veranstaltungen, und der Hungerstreik war äußerster Protest. Sie waren lauter, fordernder als die Frauen in Europa.

Im Amalie Struves »Der Hinkende Teufel zu New York«, einem sehr gelungenen Stück Prosa, schaut sie in ein Fenster und beobachtet eine kleine Damenrunde, die über das Menschenrecht als Frauenrecht reden.

»*Sind Frauen Menschen?*« Das war die Frage eines Gelehrten, keines Zeitgenossen, mit der Amalie Struve ihren Beitrag »Die Frauen« beginnt. »Jetzt lächelt man wohl über diesen Toren, allein darum werden doch die Folgesätze der ewigen Wahrheit, dass Frauen Menschen sind, im praktischen Leben nicht anerkannt.« Sie zählt all die Einschränkungen und Rechtlosigkeiten auf, die Frauen betreffen. Wenn sie also nicht die Menschenrechte genießen, kann Mann mit ihr machen, was er will

Etwa hundert Jahre, nach ihren Forderungen, gab es im Bürgerlichen Gesetzbuch der Bundesrepublik noch den Paragraphen 1354: Der Mann besitzt in der Ehe das Recht zur Entscheidung aller das gemeinschaftliche eheliche Leben betreffenden Angelegenheiten. Dieser Gehorsamsparagraph galt noch bis zu seiner Streichung am 18. Juni 1957.

Und in der DDR? »Die Frau ist der beste Freund des Menschen«, begann eine Frauentagsrede in einem Betrieb der DDR, wo die Frauenrechte eigentlich geregelt waren. Die Frau ist dann der beste Freund des Menschen, wenn sie wie dieser behandelt wird – jeder weiß, der beste Freund des Menschen ist der Hund. Er wird zum Gehorsam erzogen, er wird verwöhnt, er wird gequält und er wird misshandelt.

In Amalie Struves Leben aber gab es noch eine ganz besondere Wendung, die man so wirklich nur Frauen zugestehen kann, Mütterlichkeit. Ihr erstes Kind, 1859 geboren, wurde ihnen sechs Wochen nach der Geburt durch Krankheit genommen. In der Schwangerschaft schrieb sie weiter, und ihre zweite Tochter, 1860 geboren, blieb gesund. Die Eltern nannten sie Danajanti nach einer indischen Geschichte, die Friedrich Rückert übersetzt hatte. Sie lebte als Sprachlehrerin bis 1937 in Leipzig.

1862 kam die letzte Tochter zur Welt. Die Mutter starb im Kindbett. Gustav Struve gab ihr den Namen seiner Frau. Amalie starb 1917 in Russland.

Am 17. Juni 1953 beendeten russische Panzer den Aufstand in der DDR, der Freiheit, freie Wahlen und die Einheit Deutschlands forderte. Viele Frauen waren auf der Straße. Frauen führten die Bürgerrechtsbewegung in der DDR an mit Forderungen, die sie bei Amalie Struve hätten abschreiben können.

Das Ergebnis der »friedlichen Revolution«: die deutsche Einheit in einer freien Republik. Auf der Agenda des Reichstages aber stehen noch einige offene Fragen. Trotz alledem.

## ZUR TEXTAUSWAHL

Amalie Struve trat erst nach den revolutionären Ereignissen 1848/1849 als eigenständige Autorin in Erscheinung. Allerdings hatte sie zuvor schon aktiven Anteil an den Veröffentlichungen ihres Mannes, keineswegs nur als Schreibkraft und Redakteurin, worauf Aussagen Gustav Struves eindeutig hinweisen. Zu der unter seinem Namen veröffentlichten sechsbändigen »Weltgeschichte« schreibt er: »Das erste und zweite Buch war von meiner Hand geschrieben, weil ich damals von meiner Amalie getrennt war. Das dritte, vierte und fünfte Buch wurde im Laufe des Jahres 1852 in Neuyork fertig. Alle diese Bände schrieb meine liebe Frau.«[1] Bei vielen Texte dieser Zeit ist also die Autorenschaft nicht eindeutig zuweisbar. Unter eigenem Namen veröffentlichte Amalie Struve, abgesehen von ihrem »Erinnerungsbuch« und ihren »Historischen Zeitbildern«[2], in denen sie sich im Wesentlichen mit religiösen Fragen (den Religionskämpfen in England, Frankreich und Deutschland) beschäftigt, erst

1  Gustav Struve: Diesseits und Jenseits des Oceans, Coburg 1863, S. 5.
2  Amalie Struve: Historische Zeitbilder, 3 Bände, Bremen (Verlag Franz Schlodtmann) 1850; als Digitalisat in der Bayerischen Staatsbibliothek, München.

in den USA. Außer den »Erinnerungen aus den badischen Freiheitskämpfen« (entstanden im englischen Exil, erschienen 1850 bei Hoffmann & Campe in Hamburg, anschließend aber sofort beschlagnahmt und verboten)[3] sind alle hier versammelten Texte erst im amerikanischen Exil erschienen, vor allem in den deutschsprachigen Exil-Zeitschriften »Deutscher Zuschauer«, der Zeitschrift ihres Mannes, und in »Sociale Republik«, bei der Gustav Struve als Redakteur tätig war. Dass diese Texte, deren Originale sich in der Bibliothek der University of Minnesota befinden und von denen einige als Abschriften im Bundesarchiv Koblenz vorliegen, heute überhaupt zugänglich sind, ist das große Verdienst von Monica Marcello-Müller, die 2001 erstmals eine große Auswahl davon veröffentlichte.[4] Ohne ihre Vorarbeit wäre die Realisierung dieses Bandes schwerlich möglich gewesen.

*Rüdiger Dammann*

3   Heute ist es der einzige Text von Amalie Struve, der als fotomechanischer Nachdruck frei zugänglich ist.
4   Monica Marcello-Müller (Hrgin.): Frauenrechte sind Menschenrechte. Schriften der Lehrerin, Revolutionärin und Literatin Amalie Struve, Herbolzheim 2001.

## MANN UND FRAU

Die soziale Republik, nach welcher wir streben, kann nur insofern eine Wahrheit werden, als die verschiedenen Verhältnisse, aus deren Vereinigung sie hervorgeht, einen sozial-republikanischen Charakter annehmen.

In despotischen Reichen stehen die Familie, die Gemeinde, Handel und Wandel unter derselben Zwingherrschaft wie der Staat. Soll die soziale Republik einen festen Grund und Boden gewinnen, so müssen alle diese Beziehungen des Lebens denselben auf Freiheit und Gleichheit beruhenden Charakter an sich tragen wie das Ganze, der Staat.

Was für die Gesamtheit die Wahl der Beamten, ist für die Ehe die Wahl des Gatten. Die erste Voraussetzung einer tüchtigen Staatsverwaltung ist die Wahl fähiger und rechtschaffener Beamter, die erste Voraussetzung eines gedeihlichen Familienlebens die Wahl liebender und redlicher Gatten. Dieselben Gefühle, Rücksichten und Berechnungen, welche sich bei der Eingehung der Ehe geltend machen, wirken auch im Laufe derselben und werden diese entweder zu einer freudenreichen kleinen Republik oder zu einer durch Zank Streit und Revolution zerrissenen Zwingherrschaft gestalten. (...)

Die kleine soziale Republik, Ehe genannt, ist eine Quelle reinsten Genusses oder bittersten Schmerzes, je nachdem die beiden Konsuln, welche die Natur der Familie gegeben, Vater und Mutter, in Liebe die ihnen zukommenden Obliegenheiten erfüllen oder, durch Hass getrieben, diese verletzen.

Die große soziale Republik, nach welcher wir streben, kann nur gedeihen, wenn alle die kleineren Genossenschaften, aus welchen sie besteht, von demselben Geist der Freiheit und der Gleichheit beseelt sind, welcher auf unser Banner geschrieben steht.

ERINNERUNGEN
AUS DEN BADISCHEN FREIHEITSKÄMPFEN
*Den deutschen Frauen gewidmet*
*London, den 12. Oktober 1849.*

**Erster Abschnitt**
Meine Vergangenheit, Lebensansichten und Grundsätze

*Der Schmerz ist das Salz im Leben,*
*Ohne ihn ist kein Hoffen und Streben.*

Von dem Festland Europas vertrieben, gedenke ich in der Weltstadt London der Heimat und der Kämpfe der vergangenen Zeit. Gestern waren es vier Jahre, dass ich mich verlobte, dass ich versprach, meinem Freunde in Freud und Leid durch das Leben zu folgen.

Damals schon war der politische Horizont Deutschlands schwer umwölkt, und mannigfaltige Gefahren bedrohten den Mann, mit dem ich mich verbunden. Am 16. November 1845 wurden wir getraut. Von den ersten zwölf Monaten unserer Ehe brachte mein Gustav fünf in dem Gefängnis zu. Er hatte es gewagt, dem damals allmächtigen Fürsten

# Erinnerungen

aus den

## badischen

# Freiheitskämpfen

von

## Amalie Struve.

---

### Den deutschen Frauen gewidmet.

---

**Hamburg.**
**Hoffmann & Campe.**
**1850.**

Metternich[5] offen entgegenzutreten. Er hatte dem stolzen Lenker der Geschicke Deutschlands vorhergesagt, das rollende Rad der Zeit werde ihn ergreifen und über seinen Körper hinweg seinen Lauf fortsetzen.[6] Dafür musste mein Gatte vier Wochen im Amts-Gefängnis zu Mannheim zubringen. Er hatte die badischen Minister und namentlich Blittersdorf[7] des Hochverrats beschuldigt.[8] Mit drei Monaten Gefängnis musste er dafür büßen. Er hatte sich in einer Beschwerdeschrift bei dem Ministerium des Innern über den Missbrauch beklagt, welchen der Zensor Uria von Sarachaga[9] und die Polizisten Schaaf, Rigel und Genossen mit ihrer Amtsgewalt trieben. Dafür musste mein Gustav vier Wochen im Gefängnis zubringen. Als Redakteur des Mannheimer Journals bestand mein Gatte täglich Kämpfe mit der Zensur, als Begründer mehrerer Vereine und gemeinnütziger Anstalten, namentlich des Turnvereins, des Volks-Lesevereins, des freien Bades im Rheine usw. hatte er die Verfolgungen der Polizei zu bestehen. Der Stadt-Direktor Riegel[10] nahm sogar von der Begründung des freien Bades im Rheine

5    Clemens Menzel von Metternich, Staatskanzler Österreichs.
6    (Fußnote im Original) G. v. Struve: Briefwechsel zwischen einem ehemaligen und einem jetzigen Diplomaten, Mannheim 1846.
7    Friedrich von Blittersdorf (1792–1861) wurde 1835 badischer Außenminister und leitete von 1839 bis 1844 als Staatsminister die Regierungsgeschäfte des Landes. War entschiedener Gegner demokratischer Reformen.
8    (Fußnote im Original) G. v. Struve: Politische Briefe, Mannheim 1846, 3. Band: »Briefe über Kirche und Staat«.
9    Mariano Baron von Sarachaga-Uria war ein badischer Verwaltungsjurist und ab 1844 Pressezensor.
10   Joseph Riegel war von 1835 bis 1847 Stadtdirektor (Leiter der Stadtverwaltung) in Mannheim.

Gelegenheit, meinen Gatten als Holzfrevler in Polizeistrafe zu nehmen. Die Polizei nahm meinen Gatten fast ebenso viel in Anspruch als die Zeitung, welche er herausgab. Durch derartige kleine Mittelchen glaubten die Machthaber jener Tage, den Geist eines kräftigen Mannes beugen zu können. Sie vermochten wohl, mir, dem liebenden Weibe, Kummer zu bereiten, allein der Geist, welcher sich durch so kleinliche Verfolgungen beugen ließe, würde wohl schwerlich die Fesseln zerreißen, in welche ein Volk geschlagen ist.

Was man im gewöhnlichen Leben Flitterwochen nennt, das habe ich in meiner Ehe nicht kennengelernt. Gerichtsdiener, welche meinem Gatten Ladungen zustellten, Presser[11], welche die von ihm grundsätzlich verweigerten Zensurkosten eintreiben wollten, und Zollgardisten, welche uns unsere Fahrnisstücke[12] fortnahmen, weil Struve die verfassungswidrige Zensur durch Zahlung ungesetzlicher Strafgelder nicht anerkennen wollte – dieses waren die täglichen Erscheinungen in der ersten Zeit unserer Ehe.

Das deutsche Volk war damals noch in tiefem Schlafe befangen. Es nahm wohl Teil an den Kämpfen der Männer, welche den großen und kleinen Tyrannen entgegentraten, allein nur in der Weise des Publikums, welches im Theater einem Schauspiel zusieht und, nachdem der Vorhang gefallen, ruhig nach Hause geht, ohne sich weiter um die Schauspieler zu bekümmern, welche die edlen und die unedlen Rollen dargestellt hatten. Die Stadt Mannheim galt damals für eine der freisinnigsten Städte Deutschlands, und sie wäre

11  Gerichtsvollzieher.
12  Fahrnis bezeichnet das bewegliche Eigentum, also beispielsweise Möbel und Wertgegenstände.

es auch allerdings gewesen, wenn sich die Freisinnigkeit in Wirtshäusern und auf Rednerbühnen bekunden könnte. Während Struve gegen Ende des Jahres 1846 im Gefängnis saß, wurde er durch die Charakterlosigkeit des Vorstandes des katholischen Bürgerhospitals, welchem das Mannheimer Journal angehörte, gezwungen, von der Redaktion dieses Blattes zurückzutreten. So war schon die erste Zeit unserer Ehe reich an mannigfaltigen Prüfungen. Ich hatte dieselben, als ich den Bund für das Leben mit meinem Freunde schloss, wohl vorhersehen können, denn damals waren schon mehrere Prozesse gegen denselben anhängig gemacht worden. Auch kannte ich den Charakter Struve's genau genug, um zu wissen, dass er von Schritt zu Schritt weiter gehen, nimmermehr aber auf der Bahn des Rechtes und der Freiheit umkehren würde. Ich achtete es als das größte Glück meines Lebens, teilnehmen zu dürfen an den Kämpfen und an den Leiden meines geliebten Gatten. Mit Stolz ging ich zurzeit, da Struve seine Gefangenschaft zu bestehen hatte, an seiner Seite, während ein Polizeidiener unseren Schritten folgte. Da ich an den Arbeiten Struve's den lebendigsten Anteil nahm, ihm jederzeit meine Hand lieh und mit voller Seele alle Pläne und Bestrebungen seines Geistes mit ihm besprach, so kann ich wohl mit Fug und Recht behaupten, dass die Kämpfe meines Gatten auch die meinigen waren. Ich hatte niemals gedacht, dass die Pflicht der Frau bloß darin bestehe, dem Gatten für seine häuslichen Bedürfnisse Sorge zu tragen und die Kinder gut zu erziehen. Einen Unterschied zwischen der Haushälterin und der Gattin vermochte ich nur da zu finden, wo das Weib, als wahre Ehehälfte, ihren vollen Anteil nahm an allem, was die Seele des Mannes bewegte: an seinen

Gedanken, seinen Plänen, seinen tiefsten Empfindungen und seinen Taten. Das Leben der Frau schien mir sehr arm, wenn es nicht ruhte auf dem festen Boden des Vaterlandes. Nur in der Mitte geknechteter Völker kann sich die Frau befriedigt fühlen, auch ohne teilzunehmen an vaterländischen Bestrebungen. Die edlen Frauen der Griechen und Römer, die Mutter der Grachen[13], eine Lucretia[14], die Mutter des Corivlan[15] – sie verstanden es wohl, die Pflichten der Familie zu vereinigen mit den Pflichten des Vaterlandes. Wie die Harmonie der Töne darin besteht, dass verschiedene selbstständige Klänge sich vereinigen, so ist auch im menschlichen Leben keine Harmonie denkbar, ohne eine gewisse Selbstständigkeit der Wesen, welche zusammenwirken und streben. Ohne Selbstständigkeit gibt es wohl Gehorsam, allein nimmermehr Harmonie. Die große Aufgabe unserer Zeit, wie sie mir im Ideal vorschwebt, ist es aber, Harmonie einzuführen in die kleinen und in die großen Kreise des Lebens, in die Familie, in die Kirche und in den Staat. Der Weg zu dieser Harmonie, ist die Selbstständigkeit der Menschen, des Weibes wie des Mannes. Selbstständigkeit setzt aber Selbsttätigkeit voraus.

In unseren Tagen übt die Mode einen überwältigenden Einfluss auf die Lebensverhältnisse der sogenannten höheren und die Wucht Jahrhunderte alter Vorurteile und Lasten auf die sogenannten niederen Stände aus. Solange es noch einen

13  Bedeutende Familie der römischen Republik.
14  Lucretia (6. Jhdt. V. Chr.) war bekannt für ihre Schönheit und Tugendhaftigkeit.
15  Gnaeus Marcius Coriolanus (6. Jhdt. V. Chr.), römischer Feldherr, der einen Krieg auf Bitten seiner Mutter abbrach.

Gegensatz der Stände, solange es noch Mode, erdrückende Abgaben und Lasten gibt, kann der Mensch überhaupt und namentlich das Weib nicht selbstständig, kann die Ehe nicht frei und rein, kann der Staat nicht glücklich sein.

Ich hatte mir meine Selbstständigkeit in früheren Jahren dadurch errungen, dass ich Lehrerin wurde und mir so einen Wirkungskreis schuf. Nichtsdestoweniger regten die Ansichten, welche ich durch Struve kennenlernte, mannigfaltige Gefühle an, die bis dahin in mir geschlummert hatten.

(...)

Bis zu den Tagen, da ich mich mit Struve verband, hatte ich mich wenig mit Politik beschäftigt, und auch später waren es nicht einzelne Formen und Einrichtungen, welche meine Aufmerksamkeit auf sich zogen. Diejenige Selbstständigkeit und diejenige Harmonie, welche ich als Grundlage alles häuslichen Glückes erkannte, wünschte ich auch eingeführt zu sehen in die größeren Kreise des staatlichen Lebens. Doch wie in der Familie, so wird auch im Staate unserer Zeit der Natur des Menschen mannigfaltiger Zwang angetan. Eine reine und freie Menschlichkeit kann sich nirgends ohne schweren Kampf entwickeln. Ich betrachtete den Kampf, welchen mein Gatte kämpfte, nur als einen Kampf der reinen und freien Menschlichkeit gegen den Zwang, welcher diese nicht aufkommen lassen will. Von jeher waren mir alle gehässigen Streitigkeiten um Kleinigkeiten und zu eigennützigen Zwecken zuwider, und immer werden sie mir zuwider sein. Leider mischen sich aber auch in die reinsten Bestrebungen edler Freunde des Vaterlandes unreine Elemente ein. Wäre es möglich gewesen, diese fernzuhalten, so müsste die Sache der Freiheit längst siegreich gewesen sein. Das große Elend, das wir auf Erden gewahren, Verbrechen und Armut, Hass und Zwietracht sind nur die Folgen menschlicher Leidenschaft. In einem, von edlen Menschen geleiteten Staate könnten derartige betrübende Erscheinungen nimmermehr zur Regel werden; und wo eine Religion der Liebe in den Herzen und nicht bloß auf der Zunge, in dem wirklichen Leben und nicht bloß in gemauerten Kirchen wohnte, könnten sie auf die Dauer nicht bestehen.

## Zweiter Abschnitt
Vorbereitende Kämpfe

*Es schmilzt das Eis im Sonnenlicht,*
*Der Freiheit Mut die Ketten bricht.*

Nachdem Struve von der Redaktion des Mannheimer Journals zurückgetreten war, gründete er den »Deutschen Zuschauer«[16]. Mannigfaltige Schwierigkeiten mussten überwunden werden, bevor dieses Unternehmen ins Leben trat. Die falschen Freunde erschwerten das Zustandekommen desselben mehr als die offenen Feinde. Endlich erschien das Blatt. Die Zeit, während welcher mein Gustav dasselbe schrieb, war die friedlichste und freundlichste unseres bewegten ehelichen Lebens. Zensur, Polizei und Gerichte schienen müde geworden zu sein, meinen Gatten zu verfolgen. Der Zensor Uria war seines Amtes enthoben, der Polizei-Direktor Riegel von Mannheim entfernt worden. Die Zensur war etwas milder geworden. Nichtsdestoweniger nahm sie, ihrem Beruf treu, das Laster und das Verbrechen stets in Schutz. Besonders tätig war sie zu Gunsten der Tänzerin Lola Montez[17] und der Mörder der unglücklichen

16  Das Wochenblatt »Deutscher Zuschauer« wurde ab Januar 1847 neben der täglich erscheinenden »Mannheimer Abendzeitung« zu einem der wichtigsten Organe der demokratisch-republikanischen Bewegung in Baden.
17  Lola Montez, eigentlich Elizabeth Rosanna Gilbert, war eine irische Tänzerin, deren Liebesaffäre mit König Ludwig I. von Bayern sich zu einem Skandal auswuchs und heftige Proteste auslöste. Im Februar 1848 floh Montez, obwohl vom König inzwischen zur Gräfin ernannt, vor einer aufgebrachten Menge in die Schweiz.

Gräfin von Görlitz[18] in Darmstadt. Doch weder die Zensur noch die Verbote konnten Struve bestimmen, auch nur eine Linie von dem betretenen Wege abzuweichen. Manchen bereits von dem Zensor gestrichenen Artikel rettete er durch entschiedenes Auftreten gegenüber dem Zensor, und die Verbote des »Deutschen Zuschauers« wurden größtenteils umgangen.

Lola Montez wurde mittlerweile gerichtet durch das Volk von München, und trotz den Bemühungen der Zensur wurden die säumigen Gerichte durch die öffentliche Meinung gezwungen, die eingestellte Untersuchung wegen des Todes der Gräfin von Görlitz wieder aufzunehmen.

Unter den Volksmännern Deutschlands bestanden zwei Parteien, wovon die eine nur zum Schein, die andere im Ernst die bestehenden Mängel und Verkehrtheiten angriff. Die Männer des Scheines bemühten sich, auf der einen Seite das Volk für sich zu gewinnen, auf der anderen aber doch auch in Freundschaft mit den Gewalthabern zu leben. Die Männer des ernsten Widerstandes dagegen brachen offen mit dem Unrecht und dem Laster, wo es ihnen immer entgegentrat. Zu der letzteren Partei gehörte Struve. Er begnügte sich nicht damit, die offenkundigen und gewissermaßen eingestandenen Rechtsverletzungen in wortreichen Reden und bogenreichen Schriften zu bekämpfen. Er trat nicht bloß den Regierungen, sondern auch der sogenannten Oppositionspartei wiederholt entgegen. Von den Männern des ernsten Widerstandes ging insbesondere die Offenbur-

18  Emilie Wilhelmine Gräfin von Görlitz wurde am 13. Juni 1847, mit 45 Jahren, von ihrem Kammerdiener, aus Habgier, wie es heißt, ermordet, der anschließend ihre Selbstverbrennung im Kamin vortäuschte.

ger Volksversammlung vom 12. September 1847[19] aus, welche den ersten Anstoß zu erneuter Tätigkeit auf dem Gebiet des Staatslebens gab. Mit der innigsten Teilnahme wohnte ich dieser Versammlung bei. Sie machte auf alle Anwesenden einen umso tieferen Eindruck, je größer und allgemeiner die Besorgnis gewesen war, die Regierung möchte dieselbe verbieten. Unter dem Jubel der versammelten Tausende beim klarsten Himmel zogen die Männer des Volkes in Offenburg ein. Hecker und Struve waren aus Mannheim, Kapp[20] aus Heidelberg und Fickler aus Konstanz erschienen; die gefeierten Kammerredner v. Itzstein[21], Mathy[22], Bassermann[23] und Genossen hatten es abgelehnt, an dieser Versammlung Anteil zu nehmen. Nichtsdestoweniger war der Festsaal so dicht als möglich mit Männern aus allen Teilen des Landes angefüllt. Die Galerien waren von den Frauen eingenommen. Die Männer des ernsten Widerstandes begnügten sich nicht damit, Reden zu halten, sie drangen darauf, dass Beschlüsse gefasst würden, welche die Bedeutung des Tages erhöhen und sichern sollten. Die Forderungen des Volkes, welche damals zu Offenburg beschlossen wurden, sind allgemein bekannt. Sie bildeten die Grundlage von allen jenen For-

19  Siehe hierzu den Band »Forderungen des Volkes. Frühe demokratische Programme« dieser Edition.

20  Christian Kapp, Philosophie-Professor in Heidelberg, wurde 1846 Abgeordneter in der Zweiten Kammer der Badischen Ständeversammlung und war ein Vertrauter Friedrich Heckers.

21  Johann Jakob von Itzstein, einer der prominentesten liberalen Politiker seiner Zeit.

22  Karl Mathy, badischer Journalist und Politiker, Mitglied der Frankfurter Nationalversammlung, später Regierungschef in Baden.

23  Friedrich Daniel Bassermann, populärer Abgeordneter der Zweiten Kammer des Großherzogtums Baden.

derungen, welche bald darauf aller Orten auftauchten. Die Offenburger Versammlung vom 12. September 1847 war gewiss von großen Folgen. Sie trug einen edlen, hochherzigen Charakter. Sie war ein Volksfest im schönsten Sinne des Wortes. Gustav sprach zuerst seine begeisternden, wahren Worte, welche in aller Herzen widerhallten. Ich konnte mich des Gedankens nicht erwehren: Ein solcher Mann wird so verkannt und oft so schwer verleumdet! Meine Stimmung war wehmutsvoll. Hecker sprach nach Struve. Den Schluss machte Fickler.[24] Nie werde ich jene schönen Augenblicke vergessen, da diese Männer, gleich Sehern, dem Volk seine Zukunft vorhersagten und es zur Tatkraft, zur Entschiedenheit, Festigkeit und Kühnheit aufforderten. Zu Offenburg wurde die erste wahre Volksversammlung gehalten. Unverhüllt wurde dem Volk die Wahrheit gegeben, und unverhüllt wurde es zur Tat aufgefordert, nachdem solange vergeblich gesprochen worden war.

Unter dem Einfluss der schönsten Gegenden des Oberlandes in Achern, im Hube Bade, an dem Wasserfall zu Allerheiligen und zu Oberkirch hatte mein Gustav die Vorbereitungen zu der Offenburger Volksversammlung getroffen. So oft es galt, mehr als Worte zustande zu bringen, so oft gehandelt werden sollte, konnte nur auf die wackere Bevölkerung des Oberlandes mit Sicherheit gerechnet werden. Über

24 Friedrich Hecker, prominentester Vertreter der radikal-demokratischen Bewegung in Baden und, gemeinsam mit Struve, Anführer des gewaltsamen Aufstands im April 1848 (»Heckerzug«); Joseph Fickler, Herausgeber und Redakteur der einflussreichen Oppositionszeitung »Seeblätter« und populärer »Volksredner«. Beiden sind in dieser Edition eigene Bände gewidmet.

Amalie Struve und Friedrich Hecker,
Handzeichnung von Georg Böhning, um 1848
© Landesmedienzentrum Baden-Württemberg

Baden-Baden und das Murgthal kehrten wir nach Mannheim zurück, nachdem wir noch einen Ausflug in die reizende Umgebung Offenburgs gemacht hatten. Doch kaum waren wir in Mannheim angelangt, als wir auch schon vernahmen, dass die Regierung Maßregeln gegen die Sprecher der Offenburger Versammlung zu treffen gedenke. Man hörte von Hochverrats- und Majestäts-Prozessen. Der »Deutsche Zuschauer« sollte unterdrückt, die Zensur verschärft werden. Den Beschlüssen der Offenburger Versammlung zufolge sollten sofort vier andere Volksversammlungen in den vier Kreisen des badischen Landes abgehalten werden. Durch einen Ministerialbeschluss wurden diese Versammlungen sofort verboten und dadurch in der Tat die Fortsetzung des am 12. September 1847 in Offenburg begonnenen Werkes der freiheitlichen Organisation des Volkes fürs erste unterbrochen. Hecker kam über alle diese teils wirklich verfügten, teils nur gedrohten Maßregeln der Regierung in große Aufregung. Am 14. November kam er zu uns (Gustav war gerade in Geschäften verreist), er teilte mir mit, dass die Sprecher der Offenburger Versammlung des Hochverrats angeschuldigt werden sollten. Er sprach davon, dass unter diesen Umständen Verhaftungen vorkommen könnten, und flößte mir lebhafte Besorgnisse ein. Wenige Tage darauf begann auch wirklich die Untersuchung, jedoch wurde nicht zu Verhaftungen geschritten. Auch der »Deutsche Zuschauer« blieb ununterdrückt, obgleich derselbe im höchsten Grad von vielen Seiten bedroht wurde. Allen diesen Besorgnissen und Drohungen machte auf einmal die französische Februar-Revolution ein Ende, indem sie uns aus der Periode der Vorbereitung und der Rede in diejenige der unmittelbaren Tat versetzte.

## Dritter Abschnitt
Die Februar- und Märztage

*Das Volk steht auf, der Sturm bricht los!*
*Wer legt noch die Hände feig in den Schoß?*

Seit längerer Zeit hatte die Missstimmung der Völker mehr und mehr zugenommen. Die alte Ordnung der Dinge war in Verachtung gekommen. Nichtsdestoweniger gebärdete sich die Polizei, als ob sie von dem Volk durchaus nichts zu befürchten habe. Mit der größten Frechheit sprach sie bei jeder Gelegenheit der öffentlichen Meinung Hohn. Noch am 22. Februar 1848 zog der Polizei-Kommissar von Mannheim mit seinen Bütteln, welche Ketten und Daumschrauben trugen, in der Stadt umher, um einen jungen Mann aufzusuchen, der des Verbrechens der Verbreitung einer Flugschrift schuldig sein sollte. Am gleichen Tage kam ein anderer junger Mann zu uns, welcher von der Polizei aus Heidelberg ausgewiesen worden war, woselbst er mit seiner Mutter und seinen Geschwistern seit neunzehn Jahren gelebt hatte. Die Willkür der kleinen und großen Machthaber war schrankenlos. Kein Recht wurde mehr geachtet. Die ganze Tätigkeit der Polizei beschränkte sich darauf, politische Verbrechen auszuspionieren und zu verfolgen, d. h. jeden Widerstand zu brechen, welchen einzelne kräftige Männer der bestehenden Willkürherrschaft entgegenzusetzen den Mut hatten. Das Eigentum und die persönliche Sicherheit des Bürgers zu schützen, hatte die Polizei unter diesen Umständen weder Zeit noch Kraft. Am 25. Februar wohnten wir der Aufführung Wilhelm Tell's von Schiller bei. Es fiel uns die bewegte Stimmung des Volkes sehr auf. Alle Stellen, welche auf die Zertrümmerung des Joches der Knechtschaft und den Kampf für die Freiheit hinwiesen, wurden stürmisch beklatscht. Ich sprach mit Struve, und wir waren darüber einig, dass wir am Vorabend einer großen Revolution stünden. Am folgenden Tage, den 26. Februar, traf die Nachricht von der französischen Februar-Revolution zu Mannheim ein. Die erste bedeutungsvolle Folge war der massenhafte Zug, welcher am 1. März nach Karlsruhe stattfand. Damals legte man es mir und einer Freundin für eine große Kühnheit aus, dass wir es wagten, am Bahnhof schwarz-rot-goldene Schleifen auszuteilen. Manche Schwächlinge und Feiglinge hielten die schwarz-rot-goldenen Farben noch für höchst bedenklich. Wenige Monate darauf hatten sie sich schon überlebt. Das ganze badische Land hatte seine Vertreter nach Karlsruhe geschickt, um der am 27. Februar zu Mannheim beschlossenen Petition den erforderlichen Nachdruck zu verleihen. Das Wetter begünstigte die Bestrebungen der Volksmänner nicht. Der Regen floss am frühen Morgen in Strömen von dem umwölkten Himmel herab. Erst gegen die Mittagszeit ließ er nach. Die Karlsruher Bürgerschaft empfing die Männer des Volkes auf die unfreundlichste Weise. Die schwarz-rot-goldenen Schleifen erregten bei der am Ettlinger Tor Wache stehenden Wehrmannschaft mannigfaltige Bedenken. Da jedoch die Zahl der Männer, welche diese Farben trug, sehr ansehnlich war, so hielten es die Karlsruher für klüger, diese Bedenken zu unterdrücken. Die Häuser und die Läden der Residenz waren verschlossen, die Straßen menschenleer. Ich fand mit meiner Freundin ein Plätzchen in dem Saal der II. Kammer, von welchem aus ich die anwesenden Abgeordneten und Minister genau beobachten konnte. Angst malte sich auf den meisten Gesichtern. Die Minister klammerten sich krampfhaft an die volkstümlichen Mitglieder der Kammer an, und diese waren mit wenigen Ausnahmen bereit, den Ministern auf halbem Wege entgegenzukommen. Die Männer der rechten Seite, die gefügigen Werkzeuge des Despotismus, verhielten sich still und ruhig. Mathy, Bassermann und Welcker[25] ergriffen die günstige Gelegenheit, auf die Seite des Ministeriums überzutreten, da sie wohl nicht hoffen konnten, günstigere Bedingungen als jetzt sich auszuwirken. Von den wenigen Mitgliedern der Kammer, welche im Augenblick der Entscheidung fest und treu zum Volke hielten, war Hecker der begabteste Sprecher. Er empfing aus Struves Händen die Petition, welche der II. Kammer die Forderungen des Volkes ans Herz legte. Bei den Verhandlungen der zweiten Kammer stimmten die Abgeordneten der rechten Seite regelmäßig mit der Linken. Hecker kämpfte mit der ganzen Kraft seines Geistes. In meisterhafter Rede, mit sprühender Begeisterung entwickelte der kühne Redner den Verfassungsbruch und den Meineid der Fürsten. Dem Einfluss Mathys gelang es jedoch, die Verweisung der Petition an die Abteilungen durchzusetzen. Während so in der Kammer die linke Seite mit wenigen Ausnahmen ihre Pflicht mit Füßen trat, tagte draußen im Hofe des Ständehauses ein zweites Parlament. Dieses hatte nicht Raum in dem Saal und konnte aus eigener Anschauung daher nicht vernehmen, wie schlecht es vertreten war. Struve ging aus und ein. Bald hielt

25 Carl Theodor Welcker, Mitglied der Zweiten Badischen Kammer und der Frankfurter Nationalversammlung, Vertreter einer konstitutionellen Monarchie.

er draußen im Hofe Reden an das Volk, bald stand er ernst und würdevoll in dem Saal, den Mund versiegelt. Nachdem die II. Kammer ihre Sitzung aufgehoben, zerstreute sich das Volk in verschiedenen Richtungen. Der größte Teil desselben versammelte sich jedoch auf dem Schlosshof, ohne übrigens einen bestimmten Plan zu verfolgen. Als des Abends mit dem letzten Bahnzug die Begleiter der Petition nach Mannheim zurückkehrten, wurden sie unter Sang und Klang bei Fackelschein empfangen. Man hatte nicht abgewartet, welchen Erfolg die Petition haben würde, denn für Sang und Klang und Fackelschein hatten die Mannheimer immer große Vorliebe. Als am folgenden Tage die wenigen, welche in Karlsruhe den Erfolg der Petition abgewartet und für denselben gewirkt hatten, eintrafen und die Beschlüsse der Ständeversammlung mitbrachten, waren die Fackeln bereits verbrannt und die Töne der Musik verklungen. Nichtsdestoweniger brach das Volk in großen Jubel aus, als Struve ihm die Beschlüsse der Ständeversammlung von dem Balkon des Rathauses mittheilte. Noch immer glaubte das Volk an die Versprechungen der Fürsten und an die Beschlüsse der Kammern.

Während die Männer ernste Beratungen pflogen zum Wohle des Volkes, fertigten wir Frauen dreifarbige Schleifen und Kokarden an. Jung und Alt strömte zu uns, um sich die deutschen Farben zu erbitten. Insbesondere kam die Schuljugend in Bewegung. Zu Hunderten kamen die kleinen Knaben in unsere Wohnung und baten um Freiheitsbänder (wie sie die Schleifen nannten). Unter dem Ruf: »Es lebe die Freiheit« zogen sie durch die Straßen. Die Lehrer kamen darüber in große Angst. Mit Schrecken sahen manche derselben einer Kinder-Revolution entgegen und wandten sich in ihrer Herzensangst an den Gemeinderat um Abhilfe gegen die drohende Anarchie. Der Gemeinderat schickte auch wirklich eine Abordnung in die Straße, worin wir wohnten, um sich von der Sachlage zu unterrichten. Glücklicherweise waren aber die Kinder im Augenblick nur in geringer Zahl zu sehen, daher die Väter der Stadt sich beruhigt von dannen begaben.

In unserer Stadt Mannheim herrschte eine große Bewegung, allein nur wenige waren sich klar bewusst, was sie wollten und was zu tun sei. Gegen die Mitte des Monats März schien es, dass Kurhessen und namentlich die Stadt Hanau zuerst der Schauplatz revolutionärer Bewegungen werden würde. Schon damals zeigte es sich deutlich, dass nicht alle, welche Freiheitslieder sangen, bereit waren, für die Freiheit Opfer zu bringen. Die Freiheit erhob fast aller Orten in Europa ihr Haupt. Die Throne der Fürsten wankten. Struve war mit sich darüber einig, dass nur die Republik das Volk von dem auf ihm lastenden Joch befreien könne. Schon am 5. März hatte er dieses bei der Versammlung zu Heidelberg, welche das Vorparlament berief, unverhohlen ausgesprochen. Am 12. März fand eine Volksversammlung zu Neustadt a. d. Hardt statt. Die Verbindung von Rheinpfalz und Baden sollte daselbst vorbereitet werden. Die Wenigsten erkannten damals noch, dass alle Wünsche und alle Bestrebungen des Volkes zunichtewerden würden, falls nicht zuvörderst die militärische Macht der Fürsten gebrochen sein würde.

Am 19. März fand die große Volksversammlung zu Offenburg statt. Sie ging in musterhafter Ordnung vor sich. Das Volk bekundete seine politische Reife nicht bloß dadurch, dass es stundenlang die Reden seiner Führer mit gespanntester Aufmerksamkeit anhörte, sondern auch dadurch, dass aus seiner Mitte selbstständige Verbesserungsanträge gestellt wurden. Die Volksversammlungen von Freiburg und Heidelberg erhielten die Spannung des Volkes. Der Wendepunkt trat jedoch erst ein mit dem Vorparlamente zu Frankfurt a. M. Dieselben Leute, welche vor der Februar-Revolution unter dem Schein der Freisinnigkeit aus Klugheitsrücksichten jeden kräftigen Beschluss zu verhindern gesucht hatten, machten sich unmittelbar nach derselben mit großer Anstrengung geltend. Vergeblich hatten sie gesucht, die Sturmpetition vom 1. März zu verhindern. Sie vertrösteten das Volk auf das Frankfurter Vorparlament und bewirkten, dass dort dem Volk gleichfalls nur wieder eine Vertröstung auf die Zukunft erteilt wurde. Am 29. März reisten wir nach Frankfurt a. M. Nicht ohne tiefe Wehmut sahen wir die mit Blumen und frischem Grün, mit Kränzen und Fahnen festlich geschmückten Häuser und Straßen der Stadt. Ich konnte mich des Gedankens nicht erwehren, wäre es nicht besser, mit den Freudenbezeugungen zu warten, bis dem deutschen Vaterland die so sehnlich gewünschte Freiheit und Einheit zu Teil geworden wäre? An Fackelzügen, Nachtmusiken und Illuminationen fehlte es nicht. Von den einen wurden v. Gagern[26], Eisenmann[27] u. a., von den anderen Hecker und Struve gefeiert. Länger als die meisten verblieben wir in Frankfurt, indem Struve durch Geschäfte daselbst

26 Heinrich von Gagern, hessischer Ministerpräsident und ab Mai 1848 Präsident der Frankfurter Nationalversammlung, Vertreter einer konstitutionellen Monarchie.
27 Gottfried Eisenmann, Publizist und Mediziner, Abgeordneter der Frankfurter Nationalversammlung.

zurückgehalten wurde. Das Vorparlament hatte dem Volk zu keinem seiner Rechte verholfen. Es blieb zu kurze Zeit vereinigt, als dass es die Aufmerksamkeit der Nation dauernd hätte fesseln können. Die tiefer Blickenden erkannten damals schon, dass es sich nur darum handle, das Volk von neuem zu täuschen. Diejenigen aber, welche sich für die Retter Deutschlands ausgaben, wurden von den jesuitischen Politikern der Fürsten gern geduldet, weil die Monarchie von ihnen nichts zu fürchten hatte.

## Vierter Abschnitt
## Die erste Volkserhebung im Lande Baden

*Die ernste Tat und nicht das Wort,*
*Ist eines Volkes fester Hort.*

Freitag, den 7. April, waren wir in Begleitung von Joseph
Fickler in Mannheim eingetroffen. Wenige Stunden nachher
reiste Fickler nach Karlsruhe ab. Gleich bei unserer Ankunft
am Bahnhof zu Mannheim war es uns aufgefallen, dass der
Polizeikommissar und ein Polizeidiener uns augenschein-
lich bewachten und umstellten. Struve war nicht ohne Sorge,
dass Fickler verhaftet werden könne und begleitete ihn daher
an den Bahnhof. Wiederum fand sich daselbst die Polizei ein,
jedoch blieb Fickler unbelästigt. Am folgenden Tage erfuhren
wir jedoch gegen Mittag, dass Fickler von Mathy in Karlsruhe
verhaftet worden[28], und dass Mathy unmittelbar nach seiner
unwürdigen Tat von Karlsruhe nach Mannheim abgereist sei.
Struve war auf diese Nachricht schnell entschlossen, nach
Konstanz abzureisen, und ich nicht minder, ihn zu begleiten.
Der Wendepunkt unseres häuslichen Lebens war eingetreten. Wir verließen unsere kleine, lieblich eingerichtete Wohnung, um sie nicht wieder zu betreten. Ich konnte keinen
Abschied von meinen teuren Eltern nehmen, welche ich erst
im Turm zu Freiburg nach langer Trennung wieder sehen
sollte. Es war ein großer Schmerz für mich, sie, deren Stütze
ich gewesen war, so allein zurücklassen und meine Pflichten
ihnen gegenüber den höheren Pflichten opfern zu müssen.

28  Siehe hierzu den Joseph Fickler-Band dieser Edition.

Wir nahmen unseren Platz auf der Eisenbahn nur bis Heidelberg, um nicht den Verdacht zu erwecken, als beabsichtigten wir, eine größere Reise zu machen. In Heidelberg nahmen wir Plätze bis Durlach, und da einen Wagen, der uns nach Offenburg brachte. Unterwegs kehrten wir in Sinzheim ein. In dem Wirtszimmer, worin wir verweilten, saßen mehrere Soldaten, welche zwar anfangs nicht zu erkennen gaben, dass wir ihnen bekannt seien, bei unserer Abreise aber uns freundlich die Hände drückten und uns mit Namen begrüßten.

Auch in Triberg[29] wurde Struve erkannt und von vielen Männern, welche sich um den Wagen versammelt hatten, auf das herzlichste bewillkommt. Die Gegend, welche wir durchreisten, gehört zu den schönsten des Badener Landes. Für mich, die ich die Berge und Täler des Schwarzwaldes noch nie gesehen, hatte daher diese Reise einen doppelten Reiz.

Montag, den 10. April, langten wir in Konstanz an. Von der Stadt, in welcher vor vier Jahrhunderten, die durch Hus[30] angeregte geistige Bewegung mit Feuer und Schwert bekämpft wurde, sollte die politische Bewegung des XIX. Jahrhunderts für Deutschland ihren Ausgangspunkt erhalten. Noch wird in jener alten Stadt der Saal gezeigt, in welchem die Kirchen-Versammlung damals tagte, noch ist der Wagen zu sehen, in welchem Hus zur Richtstätte geführt wurde, noch lebt im Munde des Volkes die Sage von dem

29 Eine Stadt im Schwarzwald, Regierungsbezirk Freiburg, bekannt als »Wasserfallstadt«.
30 Johann Hus (1369–1415) war ein böhmischer Reformator, gilt als Vorläufer von Martin Luther.

Mütterchen, welches ein Stück Holz auf Hus'ens Scheiter-
haufen warf. Doch der Geist des Volkes hat sich gewaltig
verändert im Laufe der verflossenen vier Jahrhunderte. Dieselbe Stadt, welche mitleidlos Hus und seinen Freund Hieronymus von Prag[31] zum Tode führen sah, erhob zuerst das
Banner der Freiheit und wurde die kräftigste Stütze, der von
Hecker und Struve angeregten Volkserhebung.

Die Frage, um die es sich handelte, war nicht, ob das Volk
ein Recht und ob es guten Grund habe, zu den Waffen zu
greifen. Darüber waren alle einig. Die Frage war vielmehr
nur, ob der Zeitpunkt günstig gewählt und ob ein glücklicher
Erfolg mit Sicherheit zu erwarten sei. Mancherlei Bedenken
erregten die an den Grenzen des Landes und teilweise im
Lande selbst zusammengezogenen fremden Truppen, welche,
wie uns die Blätter der Reaktion belehrten, als deutsche
Brüder begrüßt werden sollten, obgleich sie bestimmt waren,
im Blut der wackersten Männer und Jünglinge Deutschlands
die aufkeimende Freiheit zu ersticken. Doch diese Bedenken teilte die kräftige Jugend der Stadt Konstanz nicht. Die
Konstanzer Schützen waren es, welche in dem Treffen bei
Kandern sich auf das mutigste schlugen. Hätten alle Städte
Deutschlands geleistet, was Konstanz tat, hätten alle Freiheitskämpfer sich so wacker gehalten als die Konstanzer
Schützen, so wäre schon die erste Volkserhebung in Baden
mit Erfolg gekrönt worden.

Nachdem Hecker den 11. April nachmittags in Konstanz
eingetroffen war, reisten wir über Überlingen, Stockach und
Engen nach Donaueschingen ab, woselbst auf den 14. eine

---

31  Hieronymus von Prag (1379–1416) war ein Mitstreiter von Jan Hus.

bewaffnete Volksversammlung ausgeschrieben worden war, deren Leitung Struve übernehmen sollte.

Donaueschingen ist eine jener Städte, welche dadurch, dass ein Fürstenhaus mit seinen zahlreichen Beamten und Höflingen seinen Sitz daselbst aufgeschlagen hat, einen guten Teil seiner Kraft verloren hat. Die Bürgerschaft war, der großen Mehrzahl nach, gut republikanisch gesinnt; allein die fürstlichen Beamten nebst ihren Schergen und Spionen gaben sich alle erdenkliche Mühe, das gesunde Urteil und den natürlichen Drang des Volkes irrezuleiten. Der regierende Fürst von Fürstenberg befand sich zwar nicht in Donaueschingen anwesend, allein seine drei Söhne vertraten seine Stelle und wachten über die Interessen ihrer Familie. Zum Schutze derselben stand überdies in nächster Nähe, hart an der Grenze, württembergisches Militär in der Stärke von mehreren tausend Mann.

Der Schrecken vor den fürstlichen Beamten und den württembergischen Soldaten lähmte die Demokraten der kleinen Residenzstadt und ihrer Umgebung. Eine bewaffnete Volksversammlung kam nicht zustande. Dagegen fanden Beratungen in größeren und kleineren Kreisen statt. Zahlreiche Deputationen kamen aus der Umgegend. Schlimme und gute Nachrichten wechselten miteinander ab. Bestimmtere Kunde aus entfernteren Gegenden fehlte jedoch durchaus. Wir hofften, dass der Zug, welcher von Donaueschingen abgehen sollte, 1500 bis 2000 Mann stark sein würde. Allein noch waren kaum 300 Mann zusammengebracht, als die württembergischen Truppen auf Donaueschingen loszogen und das kleine Häufchen der Freiheitskämpfer nötigte, sich zurückzuziehen.

Unmittelbar vor dem Abzug unserer Freunde war Hecker in Donaueschingen eingetroffen. Die von ihm in Konstanz und unterwegs gesammelte kleine Schaar befand sich jedoch noch in einiger Entfernung von der Stadt.

Gustav verließ Donaueschingen an der Spitze der bewaffneten Republikaner. Ich blieb darin noch kurze Zeit zurück, da es mir aufgegeben worden war, die von den Freiheitskämpfern in der Eile zurückgelassenen Munitionskisten und sonstige Effekten mitzubringen. Große Bestürzung, Angst und Schrecken malten sich auf allen Gesichtern, nachdem die kleine Freiheitsarmee abgezogen war. Alles lief wirr durcheinander und keiner wusste, ob er fliehen oder in der Stadt bleiben sollte. Auch unser Gastfreund, bei welchem wir in Donaueschingen wohnten, war von den Letzteren. Er entschloss sich endlich zu fliehen.

Ich verließ Donaueschingen in einem Wägelein mit den genannten Gegenständen. Der kleine Kutscher fuhr schnell zu, und so kamen wir unangefochten auf der einen Seite zur Stadt hinaus, während die Württemberger von der anderen Seite in dieselbe einrückten. Auf der Landstraße zur Linken sah ich ihre Scharen ziehen mit wehenden Fahnen. In der Nähe von Pfohren stieß ich zu der Nachhut des kleinen Freiheitsheers. Was die Bewaffnung und die Kriegserfahrenheit betrifft, so war dieselbe wohl schwerlich sehr ausgezeichnet. Allein, gewiss wird die Zeit kommen, in welcher ein freies deutsches Volk mit Liebe und Verehrung der Männer gedenken wird, die es zuerst gewagt, das Banner der Republik offen gegenüber der herrschenden Tyrannei zu entfalten. Die edelsten Beweggründe leiteten die Führer und die Kämpfer, welche ihrem Ruf gefolgt waren. Mit wahrhaft kindlicher

Unbefangenheit zogen Alt und Jung den drohenden Gefahren entgegen. Mit Freuden hatten sie Haus und Hof verlassen und sich dem Freiheitszug angeschlossen. Unter den Freiheitskämpfern herrschte die größte Eintracht. Alle nannten sich gegenseitig Brüder und begrüßten sich als solche mit dem Du der Gleichheit.

Als ich in Pfohren anlangte, war es Nacht geworden. Das Freiheitsheer hatte sich in Pfohren nicht aufgehalten, sondern war sogleich weitergezogen. Die Gefälligkeit eines Bürgers, welcher mir seinen Wagen lieh, machte es mir möglich, sogleich weiterzufahren. Doch wusste mir niemand mit Bestimmtheit zu sagen, welchen Weg die Kolonne der Republikaner eingeschlagen habe. Ich nahm den nächsten Weg nach Riedböhringen. Dieser führte mich über Wiesen, welche tief unter Wasser standen. Die Pferde gingen bis an die Brust in dem Wasser. Es war eine stockfinstere Nacht. Gegen 11 Uhr kam ich endlich glücklich in Riedböhringen an und fand daselbst zu meiner innigen Freude das kleine Freiheitsheer, welchem ich jetzt seine in Donaueschingen zurückgelassene Munition und sonstigen Gegenstände übermachen könnte.

Die Republikaner brachten die Nacht in dem Dorf zu. Hier sah ich meinen Gatten wieder, welchen sein froher Mut nicht verließ. Das Romantische und kindlich Originelle des Freiheitszuges entwickelte sich von nun an mehr und mehr. Struve und Hecker sollten, um den Feind zu täuschen, nicht mehr bei ihren Namen genannt werden. Struve nahm den Namen Nord, Hecker einen anderen an. Um nicht den Anschein der Weichlichkeit zu haben, brachten alle Führer unentkleidet die Nacht zu und begnügten sich mit der einfachsten Kost. Die angebotenen besseren Quartiere wurden abgelehnt. Keiner sollte vor dem anderen etwas voraushaben. Das Wetter wurde im Lauf der Nacht sehr schlecht. Regen, Schnee und Wind kämpften miteinander um die Wette.

Dem kleinen Freiheitsheer fehlte es durchaus an Pferden. Keiner der Führer war beritten. Mit Mühe wurde die zur Fortschaffung der beiden kleinen Kanonen und des einzigen Bagagewagens erforderliche Bespannung herbeigeschafft. Zudem befand ich mich nicht ganz wohl. Unter diesen Umständen folgte ich dem Wunsch meines Gatten und fuhr allein in einem gemieteten Wägelchen nach Stühlingen, woselbst ich einige Stunden vor dem kleinen Freiheitsheer anlangte. In dem Wirtshaus, in welchem ich abgestiegen war, stritten sich die anwesenden Gäste über die Frage herum, ob die sogenannten Freischaaren festlich empfangen und namentlich, ob ihnen zu Ehren Fahnen aus den Fenstern ausgehängt werden sollten. Ein alter Pensionär erklärte, wenn der wüsste, dass die Sache gelänge, so würde er sich gleich an die Spitze eines Corps stellen, um im Verein mit den Freischaaren zu kämpfen. Ich wurde für die Frau Herwegh[32] gehalten, übrigens mit Achtung behandelt.

Eine große Angst hatte sich aller Gemüter bemächtigt. Ich wurde mit Fragen bestürmt über die Stärke und die

32  Emma Herwegh war mit ihrem Mann Georg und rund 1000 Freiwilligen der »Deutschen Demokratischen Legion« auf dem Weg von Paris nach Baden, um den dortigen Aufständischen zur Seite zu stehen. Struve und Hecker lehnten deren Beteiligung jedoch ab, weil sie fürchteten, dass dies als »ausländische Einmischung« gedeutet (tatsächlich hatten die konservativen Zeitungen solche Propaganda verbreitet) und den Aufstand unter den eigenen Leuten in Misskredit bringen könnte. Siehe den Emma Herwegh-Band dieser Edition.

Entfernung des Freiheitsheeres. Als ich ablehnte, Fleisch zu genießen, wurde ich jedoch erkannt.[33]

Der Einzug des kleinen Freiheitsheeres in Stühlingen war traurig und zugleich ergreifend. Den ganzen Vormittag hatten Regen und Schnee zu fallen nicht aufgehört. Die Wege waren fast bodenlos. Nichtsdestoweniger zogen die wackeren Republikaner mit wehenden Fahnen unter Trommelschall und mit entschlossener Haltung in Stühlingen ein. Zwar waren aus einigen Häusern schwarz-rot-goldene Fahnen ausgesteckt worden. Allein kein froher Zuruf begrüßte die ermüdeten Brüder. Neugierde war es und nicht begeisterte Teilnahme, was hier und da die Bewohner an die Fenster und auf die Straßen führte. Hecker, Struve und Willich[34] gingen zu Fuß an der Spitze ihrer Scharen, welche wohl kaum 1000 Mann betrugen. Nach einer kurzen Rast zog das Freiheitsheer weiter dem Städtchen Bonndorf zu. Ich fuhr in dem Eilwagen nach Freiburg und wurde im Vorbeifahren von Struve und den vielen anderen Freunden herzlich begrüßt.

Unendlich bewegt und traurig fuhr ich dahin. Um halb 10 Uhr des Nachts kam ich sehr ermüdet und angegriffen in Freiburg an. Am folgenden Tage nahm ich die freundliche Einladung des wackeren Rotteck[35] an, in seinem Hause meine Wohnung zu nehmen.

33 Amalie Struve wie auch ihr Mann Gustav waren bekennende Vegetarier, zu dieser Zeit äußerst ungewöhnlich – und nicht selten mit Spott belegt.
34 August Willich, ein militärischer Führer des »Heckerzuges«.
35 Karl von Rotteck war ein Freiburger Radikaldemokrat und Mitbegründer des Freiburger Turnvereins. Wie so viele andere emigrierte es 1850 nach Amerika.

Zu meinem nicht geringen Schmerz erfuhr ich, dass sich die fürstlichen Truppen immer mehr vermehrten. Vom Volksheer konnten ich und mit mir die übrigen Republikaner keine bestimmten Nachrichten erhalten.

Die Spannung im Volk war übrigens außerordentlich groß und die bei weitem überwiegende Zahl wünschte den wackeren Freiheitskämpfern den besten Erfolg.

Den 18. April abends besuchte uns Frau Herwegh, welche zu Hecker reiste, um ihm einige Mitteilungen über den Stand der deutschen Legion in Paris zu machen. Sie beklagte sich bitter darüber, dass die wackere Schar tatenlos jenseits des Rheines gehalten, statt dass dieselbe von den Republikanern diesseits des Rheines aufgefordert würde, an dem deutschen Befreiungskampf teilzunehmen. Am anderen Morgen setzte sie in Begleitung einiger Turner ihre Reise fort.

Den 20. April erhielt ich endlich einige Kunde von den Bewegungen des Volksheeres durch einen Brief, welchen Gustav unterm 19. April mir aus Thiengen geschrieben hatte, und welcher mich mit den schönsten Hoffnungen für das Gelingen unserer heiligen Sache erfüllte.

In Freiburg fehlte es gänzlich an aller Führung. Niemand dachte daran, sich mit dem Volksheer in geregelte Verbindung zu setzen. Statt zu handeln, wartete man auf Befehle, welche, der Natur der Sache nach, nicht eintreffen konnten, da sowohl Freiburg als die Umgegend von fürstlichen Truppen besetzt waren. Diejenigen Männer, welche Tatkraft besaßen und bereit waren, für die Sache der Freiheit Gut und Blut zu opfern, besaßen nicht den erforderlichen Einfluss, umfassende und tiefgreifende Maßregeln durchzusetzen. Diejenigen Männer dagegen, deren äußere Stellung bedeutend genug war, ihnen Einfluss zu sichern, mahnten teils von kräftigen Maßregeln ab, teils verhielten sie sich im entscheidenden Augenblicke untätig und unentschlossen. Die widersprechendsten Gerüchte kreuzten sich fast täglich. Selbst über das Treffen bei Kandern[36] konnten wir lange keine zuverlässigen Nachrichten erhalten.

Mittlerweile dauerte die Gärung von Freiburg fort. Namentlich unter den Arbeitern war dieselbe groß und nachhaltig. Lange hatten sie Waffen verlangt, jedoch ohne Erfolg. Am 21. April erhielten sie endlich Sensen, nachdem sie gedroht hatten, sich dieselben mit Gewalt zu nehmen, falls sie ihnen länger vorenthalten würden.

In große Besorgnis versetzte mich die Nachricht, mein Gatte sei in Säckingen verhaftet worden. Doch erfuhr ich bald darauf, dass er wieder befreit worden sei. Ein Brief meines Gatten vom 21. April, abends 9 Uhr, gab mir hierüber volle Gewissheit. Die Reaktionäre waren übrigens die ganze Zeit in der größten Furcht, und dieser hatte ich es wohl auch zu verdanken, dass ich unangefochten in Freiburg leben konnte.

Samstag, den 22. April, sollte eine Volksversammlung in Freiburg gehalten werden. Den schlimmsten Einfluss auf dieselbe und auf die Stimmung der Demokraten überhaupt übte ein Brief, welchen Hecker aus Basel an seinen Bruder in Freiburg gerichtet hatte. Derselbe enthielt namentlich die Anfangsworte: »Unglücklich und geächtet sitze ich hier in Basel.« Heckers Bruder zeigte diesen Brief mit großem Eifer

---

36  Bei Kandern in Südbaden fand am 20. April ein Gefecht zwischen den Freischaren und den deutlich überlegenen Truppen des Deutschen Bundes statt, die den »Heckerzug« zur Flucht zwangen.

aller Orten, um jedermann von der Teilnahme an der Volksbewegung abzuhalten. Ich konnte mir nicht denken, dass dieser Brief in der Tat von Hecker herrühre und bestritt deshalb dessen Echtheit. Später wurde diese jedoch leider hergestellt und auf diese Weise ein höchst entmutigender Einfluss auf die in Freiburg versammelten Republikaner ausgeübt, indem die Mehrzahl derselben in Folge dieses Briefes zu der Ansicht gebracht wurde, alles sei für die Volkssache verloren. Ich bemühte mich nach Kräften, diesen ungünstigen Eindrücken entgegenzuwirken. Ich zeigte mich zwar nicht öffentlich, nahm auch an den da und dort stattfindenden Beratungen keinen Anteil. Allein häufig kamen Leute sowohl vom Bürger- als Soldatenstande zu mir, um sich bei mir nach dem Stand der Verhältnisse zu erkundigen und mich zu fragen, was sie tun sollten.

Besonders zahlreich stellten sich badische Soldaten bei mir ein, welche mir mitteilten, dass sie und viele ihrer Kameraden bereit seien, auf die Seite des Volkes überzutreten, jedoch klagten, dass sie nicht wüssten, wie sie dieses bewerkstelligen sollten. Zu gleicher Zeit wünschten sie zu wissen, ob ich glaubte, dass sie dieses ohne Tollkühnheit tun könnten und ob dieser ihr Schritt für die Sache des Volkes von Nutzen sein könne. Ich trug kein Bedenken, bei jeder Gelegenheit zu erklären, dass ich es für die Pflicht jedes deutschen Mannes halte, sich offen der Sache der Freiheit anzuschließen. Den Männern des Soldatenstandes bemerkte ich insbesondere, dass ihre Haltung gegenüber dem Volk ohne Zweifel den Ausschlag geben würde. Ich verhehlte ihnen nicht, dass der Schritt, den sie beabsichtigten, mit mannigfaltigen Gefahren verbunden sei, wies sie aber darauf hin, dass mein Gatte und alle anderen im Felde stehenden Volksmänner diese Gefahren teilten und dass ohne Gefahren niemals die Freiheit erkämpft werden könne. Hätten die Volksmänner in Freiburg dem Soldatenstand gegenüber ihre Pflicht getan, hätten sie die Schwankenden ermutigt, den Entschlossenen einen Haltpunkt geboten, welcher ihnen den Übertritt zum Volk erleichtert hätte, so wären ohne Zweifel damals schon ganze Kompanien, ja vielleicht Bataillone zum Volk übergegangen. Stattdessen waren die Volksmänner selbst unentschlossen und wussten auch ihrerseits nicht, was sie tun sollten. Eine Folge dieser Unentschlossenheit war es, dass auch die Volksversammlung vom 22. April ungenützt vorüberging. Ostersonntag, den 23. April, rückten endlich die Republikaner von Günterstal[37] her auf Freiburg los. Mein Bruder Pedro, welcher dazumal in Freiburg anwesend war, ging denselben entgegen, um ihnen Kenntnis von der Lage der Stadt zu geben. Nachmittags entspann sich das Treffen im Sternenwald. Das Schießen dauerte bis spät in die Nacht. Beide feindlichen Parteien in der Stadt waren in großer Angst.

Montag morgens kam mein Bruder wieder in die Stadt zurück und teilte mir mit, dass er in der Nähe von Günterstal Gustav gesehen habe. Zu gleicher Zeit erhielt ich durch ihn einige Nachrichten über den Ausgang des Treffens bei Günterstal, welche übrigens nicht geeignet waren, mich zu beruhigen. Bald darauf begann das Schießen von neuem, und zwar in der nächsten Nähe der Stadt und unserer Wohnung. Dasselbe dauerte mehrere Stunden lang. Gleich bei dem

37  Bei Günterstal fand am 23. April erneut ein Gefecht mit Regierungstruppen statt, bei dem die Freischärler zurückgeschlagen wurden.

Beginnen des Gefechts schlossen die Bewohner des größten Teils der Stadt Läden und Türen und verkrochen sich in die Keller. Die Straßen waren leer, nur an den Barrikaden kämpften die wenigen zurückgebliebenen Männer der Tat mit Mut und Ausdauer. Von den Fenstern unseres Hauses herab suchte ich die Wankenden zu ermutigen. Die armen Freiheitskämpfer wurden von Seiten der Bürger ohne alle Hilfe und Ermunterung gelassen, so dass sie traurig in den Straßen herumgingen und nicht wussten, wie sie Nahrung erhalten sollten. Soweit es meine schwachen Kräfte erlaubten, teilte ich mit den darbenden Brüdern. Am Fenster zu verweilen, war übrigens nicht ohne Gefahr. Gegenüber unserem Haus schaute ein junges, blühend schönes Mädchen zum Fenster heraus, indem auch sie den lebendigsten Anteil an dem Freiheitskampf nahm. Eine Kugel streckte sie tot nieder. Überhaupt flogen die Kugeln nach allen Richtungen hin. Eine Kugel drang durch eines unserer Fenster an derselben Stelle in das Zimmer, an welcher ich kurz zuvor noch gestanden war. Dieselbe zerschmetterte eine Scheibe, zerriss den Vorhang und schlug in die Decke des Zimmers ein. Von den Dächern der Häuser herab fielen die von den Kugeln zertrümmerten Ziegel. Da am Ende unserer Straße eine Barrikade in der Nacht von Sonntag auf Montag erbaut worden, welche mit einer Kanone besetzt war, so hatten wir in unserer nächsten Nähe das Kanonen- und Kleingewehrfeuer ganz besonders heftig. Endlich mussten die Unsrigen der Übermacht weichen. Von allen Seiten rückten die fürstlichen Truppen in die eroberte Stadt ein. Die Eisenbahn hatte in der vergangenen Nacht und noch an demselben Morgen mehr denn 6000 Mann Verstärkung mit allem erforderlichen Kriegsgerät bis in den Bahnhof der Stadt Freiburg gebracht. Bei dem Einzug der fürstlichen Truppen öffneten sich plötzlich die früher verschlossenen Türen und Läden. An den Fenstern erschienen mit wehenden Tüchern und Fahnen dieselben Menschen, welche sich während des Kampfes verborgen und verkrochen hatten.

So wurde die erste Erhebung des badischen Volkes in Freiburg erdrückt. Über die Leichen ihrer Brüder und ihrer Väter waren die verblendeten Soldaten in die Stadt eingezogen. Nur ein kleines Häuflein edler aufopfernder Männer hatte todesmutig auf den Barrikaden ausgeharrt. Die große Mehrzahl selbst derjenigen, welche bis Sonntagabend in Freiburg unter den Waffen gestanden waren, hatte an dem Entscheidungskampf keinen Teil genommen. Nur die Entschlossensten hatten gekämpft. Unter den Leichen der gefallenen Republikaner fanden sich neben den frischen Jünglingen auch Greise mit weißem Haupt, welche mit dem ganzen Feuer jugendlicher Begeisterung gekämpft hatten. Gegen jeden Freiheitskämpfer standen mehr als dreißig wohlbewaffnete fürstliche Soldaten. Den Republikanern fehlte es an Waffen und Munition. In Ermangelung von Kugeln hatten sie die Kanonen teilweise mit Steinen geladen. Oft hatten drei kampfeslustige Streiter zusammen nur ein Gewehr. Da standen die edlen Jünglinge an den Barrikaden und empfingen die Kugeln ihrer feindlichen Brüder, die sie nicht erwidern konnten. Obgleich manche reichen Bürger gefüllte Waffenschränke besaßen, so war doch unter den Republikanern die Achtung vor dem Eigentumsrecht so groß, dass sie es nicht wagten, dieselben gewaltsam zu öffnen, um die bisher ungebraucht gelassenen oder nur zur Jagd auf harmlose Tiere verwandten Geschosse in den Dienst des Vaterlandes zu nehmen.

Siegestrunken rückten die fürstlichen Truppen ein, gleich als hätten sie große Taten vollbracht. Unter den Nassauern, welche sich durch ihre Grausamkeit auszeichneten, waren sogar noch viele Freiwillige, welche, im Glauben, ein gutes Werk zu tun, und in der Hoffnung, sich durch diesen Feldzug Lorbeeren zu erwerben und die Zeit des lästigen Kriegsdienstes abzukürzen, in die Reihen der Truppen eingetreten waren. Die Zahl der Freiheitskämpfer, welche bei Kandern, bei Günterstal, im Sternenwalde und bei Freiburg gefallen, war nicht gering. Es waren die ersten Opfer, welche das südwestliche Deutschland auf dem Altar der Freiheit dargebracht hatte, die ersten Opfer, welche im heiligen Kampf in Deutschland gefallen. Wohl hatten Wien und Berlin auch für die Freiheit gekämpft, allein diejenige Klarheit des Bewusstseins und diejenige Entschiedenheit, welche in der Brust der badischen Freiheitskämpfer lebte, fand sich in jenen großen Residenzstädten nicht. In Wien und Berlin hatten die Freiheitskämpfer gesiegt, allein doch keine Freiheit errungen. In Baden wurden sie besiegt, allein ihre Niederlage bildete die Grundlage zu der republikanischen Partei Deutschlands, welche allein im Stande ist, die Wiedergeburt Deutschlands zu vollenden.

Zwar wurden die gefallenen badischen Freiheitskämpfer, namentlich zu Freiburg, von den Soldaten verhöhnt und beschimpft. Allein aller Orten war das Mitgefühl des Volkes mit ihnen. Im Sternenwalde wurden den daselbst gebliebenen Freiheitskämpfern zahlreiche Kreuze gesetzt. Auf den Friedhöfen zu Kandern und zu Freiburg wurden ihre Gräber nächtlich mit Blumen und Kränzen geschmückt. Unter einem Hügel wurde die Leiche der in Freiburg erschossenen Jungfrau und diejenigen der daselbst gefallenen Republikaner begraben. Von dem Denkmal, welches edle Frauen und Jungfrauen den Freiheitskämpfern zu Freiburg setzten, konnte zwar die Inschrift von den Gegnern ausgelöscht werden. Allein als beredter Zeuge steht der inschriftlose Stein neben vielbesuchten und beweinten Gräbern.

Tief in das Bewusstsein des Volkes ist der Schmerz über jene ersten Opfer des deutschen Freiheitskampfes eingedrungen. Die Dichter und die Frauen zumal haben ihnen ihre edelsten Gefühle gewidmet. Kein Verbot vermochte zu verhindern, dass die geliebten Gräber beständig mit den schönsten Gaben der Natur geschmückt wurden. Ich kann es mir nicht versagen, hier ein Gedicht mitzuteilen, welches die Gefühle des badischen Volkes gegenüber den gefallenen Freiheitskämpfern trefflich wiedergibt:

*Grab eines Freischärlers*

An einer stillen Stelle,
Im grünen, kühlen Wald,
Da schläft ein braver Geselle,
Der wacht nicht auf so bald.

Er schläft in seinen Waffen,
Im Freisoldatenkleid,
An Brust und Stirne klaffen,
Ihm Todeswunden weit.

Er schläft an einer Eiche,
In ihren Wurzeln warm;
Es hält der Baum die Leiche,
Wie einen Sohn im Arm.

Sein Schwert, die brave Klinge,
Ist auf sein Grab gesteckt,
Dass Efeu es umschlinge,
Und Immergrün bedeckt.

Und junge, wilde Rosen
Und Waldvergissmeinnicht,
Das für den Namenlosen,
Um eine Träne spricht!

Um ein Gebet im Stillen
Und ungestört Asyl,
Ihm, der um Freiheitwillen
Gefochten hat und fiel.

*Friedrich Stoltze*[38]

---

38  Dichter, Schriftsteller und Verleger in Frankfurt am Main, der
    sich Zeit seines Lebens für ein demokratisches und republi-
    kanische Staatswesen einsetzte.

# Fünfter Abschnitt.
## Die Zeit der Verbannung.

*Weisheit schützt nicht stets vor Plagen,*
*Doch sie lehrt, sie mutig tragen.*

Die Sorge, welche ich für das Vaterland, meinen Gatten und viele teure Freunde hatte, ließ mich kaum die Gefahr ermessen, welche mir selbst drohte. Der Feind mochte sich wohl denken, dass ich nicht des Vergnügens halber nach Freiburg gekommen war. Kaum waren die fürstlichen Truppen eingezogen, als auch sofort die politischen Verfolgungen ihren Anfang nahmen. Einer der ersten, welcher verhaftet wurde, war Karl von Rotteck, in dessen Hause ich wohnte. Verschiedene Winke, welche ich erhielt, ließen mich befürchten, dass meine Verhaftung entweder schon beschlossen sei oder doch bald werde beschlossen werden. In der Tat wurde die Wohnung meiner Eltern aufs genaueste nach mir untersucht. Im Laufe des Nachmittags ging noch einmal der laute Ruf durch die Straßen: »Der Hecker kommt vom Walde her.« Vielleicht kam dieser Ruf daher, dass um die Mittagszeit Struve und Joh. Philipp Becker[39] von Horben her mit einiger Mannschaft auf Freiburg losrückten. Gegen Abend kamen zu mir mehrere Männer, welche mich aufforderten, so schnell als möglich und heimlich die Stadt zu verlassen, indem ich nicht bloß von den Gerichten, sondern namentlich auch von der aufgehetzten Soldateska das Äußerste zu befürchten hätte.

39 Johann Philipp Becker war einer der maßgeblichen Organisatoren des badischen Aufstands. Sein geplanter Angriff auf Freiburg scheiterte jedoch.

Da ich in Freiburg niemanden näher kannte, so wusste ich nicht, wo ich eine Zufluchtsstätte finden sollte. Eine edle Frau erbot sich, mich in ihrem Haus bis zum Abgang der Eisenbahn versteckt zu halten. Wir hatten gehofft, dass nachts um 11 Uhr ein Bahnzug nach Offenburg abgehen würde. Als ich jedoch mit vieler Mühe und Beschwerde durch die Wachen bis zum Bahnhof glücklich hindurchgekommen war, erfuhr ich, dass erst am folgenden Tage um 7 Uhr ein Bahnzug wieder abgehe. Ich musste daher in die Stadt zurückkehren, woselbst ich mich versteckt hielt.

Ich kann hier nicht umhin, meiner edlen Beschützerin aus der Ferne herzliche Grüße zu senden. Ihr freundliches Bild, welches mir gleichwie ein Engel in dieser Not erschien, wird stets in meinem Andenken fortleben.

Erst um 1 Uhr nachmittags ging am folgenden Tage der Zug nach dem Unterlande ab, da die Eisenbahn bei Emmendingen neuerdings zerstört worden war.

Auf meinem Weg nach dem Bahnhof sah ich das Blut auf der Landstraße rinnen. Blut und Regen vermischt flossen zwischen den Reben herab. Unweit des Bahnhofs fuhr der Wagen an mir vorbei, in welchem Rotteck und mehrere andere Republikaner gefangen nach Rastatt gebracht wurden. Am Bahnhofe selbst wurde ich von Soldaten und Bürgern erkannt, und einer zeigte mich dem anderen unter mannigfaltigen, Gefahr drohenden Bemerkungen. Ich hatte, um zu sparen, eine Karte für den dritten Platz gelöst. Ein Mann von Lahr ersuchte mich jedoch dringend, in den Wartesaal der zweiten Klasse zu gehen und eine Karte zweiter Klasse zu nehmen, indem er mir zuflüsterte, dass mir hier Gefahr drohe. Mehrere Polizeidiener folgten mir auf Schritt und Tritt. Vielleicht wäre ich sofort verhaftet worden, wenn ich nicht auf die Frage, wohin ich zu reisen gedächte, nach Mannheim geantwortet hätte. Mehrere Offiziere und Soldaten drängten sich an mich heran, als der Eisenbahnbeamte jene Frage an mich richtete. Sie mochten denken, ich würde doch am Ziel meiner Reise der Verhaftung nicht entgehen. Bis zum Augenblick der Abfahrt des Bahnzuges schwankten Offiziere, Soldaten und Polizeidiener, ob sie mich verhaften sollten, oder nicht. Auch in Kork und in Kehl schwebte ich noch in der größten Gefahr, verhaftet zu werden. Ich musste in letzterem Orte über Nacht bleiben. Endlich Mittwoch, den 27., langte ich glücklich in Straßburg an. Dort konnte ich jedoch gar nichts über das Schicksal meines Gatten erfahren. Ich reiste daher weiter nach Basel, da ich vernommen hatte, dass Hecker sich noch dort befinde. Unterwegs vernahm ich, Struve sei glücklich über den Rhein gekommen und befinde sich mit mehreren Freunden in Rheinfelden. Ohne mich in Basel aufzuhalten, eilte ich sofort dahin weiter, erfuhr indes daselbst durch Joh. Philipp Becker, dass Gustav in Hüningen sei. Doch auch dort fand ich ihn nicht. Bei Hüningen auf der Schusterinsel befanden sich noch die letzten Trümmer des republikanischen Heeres in einer sehr vorteilhaften Stellung. Es waren ungefähr 200 Mann mit ihrem Führer Willich hinter Verhacken verschanzt. Ich freute mich des frischen Geistes, welcher diese wackeren Männer beseelte. Sie konnten sich noch immer mit dem Gedanken nicht vertraut machen, dass für den Augenblick die Sache der Freiheit unterlegen sei. Gegen 11 Uhr nachts zog sich die kleine Schar, gezwungen durch die Macht der Verhältnisse, über die Brücke auf französisches Gebiet zurück. Am 28. traf ich in Straßburg wieder ein und vereinigte mich wieder mit meinem Gatten, welcher mich am Bahnhof empfing. Unterwegs hatte ich die Niederlage der deutschen Legion von Paris bei Dossenbach[40] erfahren, welche uns alle auf das tiefste erschütterte. Auch dort waren manche wackeren Männer, namentlich Schimmelpfennig[41], gefallen; mehrere fanden ihren Tod noch auf der Flucht durch die Grausamkeit der Soldaten. Viele wurden gefangen, unter diesen auch der tapfere Bornstedt[42], nachdem er mit der größten Anstrengung und Unerschrockenheit bemüht gewesen war, die Reste der Legion zu retten.

In Straßburg befand sich eine ziemlich bedeutende Anzahl von Flüchtlingen, unter anderen Karl Heinzen, Sigel, Mögling, Löwenfels und Bruhn.[43] Hecker hatte sich sofort von Hüningen aus nach Muttenz (Kanton Baselland) zurückgezogen, nachdem ihm Schwierigkeiten gemacht worden waren, ihn in Basel zu dulden. Wir hatten gehofft, in Straßburg etwas ausruhen zu können nach den Anstrengungen der letzten Zeit. Wir hatten deshalb eine kleine Privatwohnung gemietet in einem Hause, in welchem sich auch einige Freunde niedergelassen. Allein bald schon empfanden wir zu unserem großen Bedauern, dass die drei Zauberworte:

40  Siehe den Emma Herwegh-Band dieser Edition.
41  Reinhard von Schimmelpfennig war ein Batallionskommandeur der republikanischen Freischaren.
42  Adelbert von Bornstedt war einer der Gründer der »Deutschen Demokratischen Gesellschaft in Paris«, aus der die »Deutsche Legion«, die Hecker und Struve in Baden unterstützen wollte, hervorging.
43  Karl Heinzen, Franz Sigel, Theodor Mögling, M. W. Löwenfels und Karl von Bruhn gehören zu den Anführern der Badischen Revolution.

»Freiheit, Gleichheit, Brüderlichkeit,« obgleich sie auf allen öffentlichen Gebäuden zu lesen standen, in das öffentliche Leben des französischen Volkes nicht eingedrungen waren. Die Führer der in Baden versprengten Republikaner hatten sich nach Straßburg begeben, um dort, woselbst sich die meisten Flüchtlinge aufhielten, das Schicksal der Brüder zu teilen und sie in ihrer traurigen Lage nicht zu verlassen. Auch hatten sie gehofft, einen Zentralpunkt republikanischer Tätigkeit bilden zu können. Allein in Paris hatte Lamartine[44] bereits so viel Einfluss gewonnen, um das freiheitliche Feuer Frankreichs zu dämpfen. Zwar wurden die »Marseillaise« und die »Girondaise« bei jeder Gelegenheit mit großem Eifer vorgetragen. Allein die von diesen begeisterungsreichen Liedern ausgesprochenen Gedanken und Gefühle wurden von den Machthabern Frankreichs entweder nicht gehegt oder doch nicht beachtet und verwirklicht. Am 1. Mai waren wir noch Zeugen eines glänzenden republikanischen Schauspiels, welches die ganze Bevölkerung von Straßburg, zumal die Nationalgarde, ihren nach Paris abreisenden Deputierten gab. Doch während auf den Straßen noch Freiheitstöne erschallten, wurden in den Kabinetten die alten Grundsätze polizeilicher Überwachung und diplomatisierender Willkürherrschaft gehegt und geltend gemacht. Die Revolution und die republikanische Regierungsform schienen den deutschen Flüchtlingen gegenüber keinen anderen Einfluss zu haben, als die alten Grundsätze des Königtums in etwas feinere Form zu kleiden. Die Flüchtlinge wurden

44 Alphons de Lamartine, französischer Schriftsteller und Politiker, war nach der Februarrevolution 1848 Außenminister und Chef der Provisorischen Regierung.

gezwungen, in das Innere Frankreichs abzureisen. Auch wir mussten Straßburg verlassen. Allerdings wurden die Führer der deutschen Republikaner mit höflichen Redensarten überschüttet. Man versicherte ihnen ausdrücklich, es handle sich nur von einer vorübergehenden Maßregel; ohne Zweifel könnten dieselben schon in wenigen Tagen nach Straßburg zurückkehren. Um jedoch den ungestümen Anforderungen der deutschen Höfe zu genügen, müssten sie sich eine kleine Zeit hindurch von der Grenze entfernen. Durch diese und andere ähnliche Redensarten bewogen, entschlossen wir uns, nach dem Innern Frankreichs abzureisen. Hätten wir damals gewusst, was wir später erfuhren, so hätten wir unzweifelhaft den Aufenthalt in der Schweiz demjenigen im Innern Frankreichs vorgezogen. Mit Wehmut verließen wir das befreundete Elsass. Mit uns waren Löwenfels, Bruhn, mein Bruder Pedro und drei andere junge Leute. Man hatte uns das Versprechen abgenommen, uns nach Châlons sur Marne zu begeben, um dort die weiteren Befehle der französischen Regierung zu erwarten. Dagegen hatte man uns zugesagt, diese weiteren Befehle würden die Erlaubnis enthalten, dass wir entweder nach Straßburg zurück oder vorwärts nach Paris reisen dürften. Diese Erlaubnis sollte sofort bei unserer Ankunft in Châlons sur Marne uns zuteilwerden. Man fügte hinzu, der Telegraph würde vielleicht vor unserer Ankunft zu Châlons sur Marne die gewünschten Instruktionen schon dahin gebracht haben.

Beim schönsten Frühlingswetter reisten wir durch das fruchtbare Elsass, über die reizenden Vogesen nach Châlons sur Marne. Dort fehlten jedoch dem republikanischen Kommissar alle Instruktionen rücksichtlich unserer Angelegenheit. Fast vier Wochen lang warteten wir in der trübseligen Stadt in der unangenehmsten Lage die weiteren Befehle der französischen Regierung ab. Sie kamen nicht an. Endlich entschlossen wir uns, zu Fuß, ohne Erlaubnis von Châlons sur Marne abzureisen, selbst auf die Gefahr hin, von der Gendarmerie aufgegriffen und nach Châlons zurückgebracht zu werden. Obgleich wir von mehreren Seiten auf das freundlichste und entgegenkommendste in Châlons sur Marne behandelt worden waren, so war uns der Aufenthalt daselbst doch über alle Maßen peinlich. Ohne Gelegenheit, etwas zu erwerben, ohne Existenzmittel, ferne von Gesinnungsgenossen und Freunden, fühlten wir uns in Châlons sur Marne als Gefangene, ohne das traurige Vorrecht, wenigstens Wohnung und Nahrung von unseren Kerkermeistern zu erhalten.

Die wenigen Kostbarkeiten, welche wir aus dem Schiffbruch gerettet hatten, mussten verkauft werden, um die Kosten der Reise für uns und unsere Genossen zu decken. Gerne hätten wir den ganzen Weg nach Paris zu Fuß zurückgelegt, allein die Besorgnis, von der Gendarmerie aufgegriffen zu werden, zwang uns, unsere Zuflucht zu der Diligence[45] zu nehmen. In Epernay bestiegen wir daher den Eilwagen und kamen am 4. Juni in Paris an.

So anziehend der Aufenthalt in der Hauptstadt des europäischen Festlandes für Leute sein mag, welche mit gefüllter Börse daselbst anlangen, so peinlich war er für uns in unseren beschränkten Verhältnissen. Nichtsdestoweniger benutzten wir unsere Anwesenheit in Paris, um unsere Kenntnisse

---

45 » Diligence« ist eine Postkutsche.

zu erweitern. Die Lage, in welcher wir uns befanden, machte es uns nicht möglich, in angenehme gesellige Verbindungen einzutreten. Wir sahen von Paris und der Umgegend, was sich ohne große Kosten sehen ließ. Die Freunde, auf welche wir gerechnet hatten, besaßen nur freundliche Worte für uns. Mit vieler Mühe brachten wir die Mittel zusammen, um nach Straßburg zurückzureisen. Bruhn und die jungen Leute machten die Reise zu Fuß. Löwenfels folgte uns erst später nach.

Wir hatten uns übrigens lange genug in Paris aufgehalten, um wahrzunehmen, dass der republikanische Geist, der Sinn für Freiheit, Gleichheit und Brüderlichkeit noch nicht tief eingedrungen war. Im Theater wurden noch immer die alten Stücke gegeben, worin sich die Vorurteile einer eitlen und habsüchtigen Gesellschaft, keineswegs aber republikanische Tugenden, Einfachheit des Ausdrucks, Wahrheit der Charakterschilderung, Tiefe des Gedankens und sittliche Kraft abspiegelten. Als ich das Grab Napoleons im Invalidendom sehen wollte, erhielt ich von einem Invaliden zur Antwort, dass sich die Pforten desselben nur vor Fürsten und anderen gleich hochstehenden Personen öffneten. Zwar wurden an die Stelle der »königlichen« Bezeichnungen »nationale« gesetzt. Allein noch immer standen der Nation jene privilegierten Klassen gegenüber, welche Jahrhunderte lang die Stützen der Monarchie und die Feinde des freien Bürgertums gewesen waren. Die Mode herrschte nach wie vor in Paris. Die Frauen sowohl als die Männer huldigten ihren Geboten weit lieber als denjenigen reiner Menschlichkeit. Das stehende Heer hatte noch immer seine der Freiheit feindliche Organisation. Die Priester übten nach wie vor ihren den Aberglauben und den blinden Gehorsam fördernden Einfluss auf die Massen. Die Schreibstubenherrscher gingen noch immer von denselben beschränkten Ansichten aus wie zur Zeit Karls X. und Ludwig Philipps.

Wohl hatte sich über alle diese Geißeln der Menschheit die Macht des Reichtums erhoben. Allein diese beruht, wo möglich, auf noch niedrigeren Beweggründen als alle übrigen bevorrechteten Klassen der Gesellschaft. Die Formen der alten Gesellschaft waren in Frankreich wohl etwas verändert worden. Das Wesen derselben war unverändert geblieben. Die Ideale, nach welchen einzelne hochbegabte Charaktere seit langer Zeit gerungen hatten, waren in Frankreich durch die Februar-Revolution nicht verwirklicht worden. Die Gesellschaft lag noch immer in den Banden, welche Georges Sand so meisterhaft geschildert hatte, und ungeachtet der Bestrebungen eines Lamennais[46] kam der Bund der Völker nicht zustande, während die Fürsten sich zum Verderben der Völker fester, denn jemals vereinigten.

Den 18. Juni kamen wir wieder in Straßburg an. Wir hatten Paris verlassen unmittelbar vor dem Ausbruch des furchtbaren Juni-Kampfes, dessen Vorbereitungen wir mit angesehen hatten. Die massenhaften Zusammenrottungen, welche an den Toren von St. Dénis und St. Martin in den Tagen, an welchen wir noch zu Paris verweilten, stattfanden, deuteten auf eine tiefgreifende Unzufriedenheit der Pariser Bevölkerung. Wir standen derselben zu ferne, um ihre Bewegungen richtig würdigen zu können.

46 Félicité Robert de Lamennais, französischer Priester und Philosoph, versuchte den Katholizismus mit liberalem und progressivem Gedankengut zu verbinden.

In Straßburg verweilten wir nur wenige Tage und schlugen sodann unsern Wohnsitz in Birsfelden bei Basel auf. Bis zu dieser Zeit hatte Struve von Straßburg, Châlons sur Marne und Paris aus ununterbrochen für den von ihm ins Leben gerufenen »Deutschen Zuschauer« gearbeitet. Jetzt erfuhr er zu seinem nicht geringen Verdruss, dass dieselben Männer, welche sich seine Freunde und Gesinnungsgenossen nannten, ihm sein Blatt geraubt hatten. Raschen Entschlusses verlegte er daher im Laufe des Monats Juli seinen »Deutschen Zuschauer« nach Basel. Den 21. Juli erschien daselbst die erste Nummer der neuen Folge desselben. (…). Ungeachtet aller Schwierigkeiten und Ränke, welche dem echten »Deutschen Zuschauer« von den Beförderern des falschen entgegengesetzt wurden, brach sich derselbe doch rasch Bahn. Obgleich in einem anderen Ton geschrieben, verfolgte er mit dem, unter Heckers oberer Leitung und Heinrich Schnauffers[47] Redaktion zu Rheinfelden erscheinenden »Volksfreund« ein und dasselbe Ziel. Prinzipielle Gegensätze fanden sich ebenso wenig in diesen beiden Blättern ausgesprochen, als sie in dem Wechselverhältnis zwischen Hecker und Struve bestanden. Während unseres Aufenthaltes in Birsfelden standen wir mit Hecker unausgesetzt in freundlicher Beziehung. Doch nicht lange war uns vergönnt, in Birsfelden zu verbleiben. Eine kleine Schrift: »Plan zur Revolutionierung und Republikanisierung Deutschlands«, welche Struve in Verbindung mit Heinzen veröffentlichte, hatte unsere Ausweisung aus dem Kanton Baselland zur Folge.

47  Heinrich Schnauffer, Dichter, Redakteur und aktiver Teilnehmer an der Badischen Revolution.

Mehrere Reisen, welche wir längs der Grenze teils rheinaufwärts bis nach Emmishofen bei Konstanz, und rheinabwärts bis Straßburg unternahmen, zahlreiche Besuche, welche wir aus allen Gegenden Deutschlands, insbesondere aber aus den badischen Nachbargemeinden erhielten, brachten Abwechselung in das sonst einförmige Flüchtlingsleben. Im Anfange des Monats August ließen wir uns in Rheinfelden nieder, von wo aus wir jede Woche einmal nach Basel reisten, um den Druck des »Deutschen Zuschauers« zu überwachen.

Von unserer Wohnung in Rheinfelden aus sahen wir die badischen Berge, den Kirchturm von Nollingen und in weiterer Ferne den Schwarzwald. Unsere Gedanken schweiften oft hinüber in das geliebte Vaterland und zu den zurückgelassenen Lieben. Nur der Rhein, welcher in dortiger Gegend noch nicht sehr breit ist, trennte uns vom Badener Land.

Struve war entschlossen, aus der Nähe des teuren Vaterlandes nicht zu weichen, solange er nicht mit Gewalt daraus vertrieben würde. Hecker fasste den beklagenswerten Entschluss, nach Amerika zu reisen. Vergeblich suchte er auch Struve zu bestimmen, mit ihm Europa zu verlassen. Struve hielt es für eine heilige Pflicht, mit dem Volk, das er mit seinen Freunden zu den Waffen gerufen und das jetzt die ganze Strenge grausamer Sieger zu erdulden hatte, auszuharren bis ans Ende. Allerdings empfand auch er die ganze Schwere des Flüchtlingslebens. Ohne heimischen Herd, ohne einen seinen Kräften entsprechenden Beruf, ohne gesicherte Existenzmittel konnte sich Struve unmöglich glücklich fühlen. Wir bemühten uns jedoch, uns unsere Lage so erträglich als möglich zu machen, teils indem wir fleißig arbeiteten, teils aber auch indem wir uns der Schönheiten der Natur im Schweizerland erfreuten. Die politischen Verhältnisse der Schweiz boten allerdings nur wenige erfreuliche Seiten. Die Hoffnungen, welche der Sieg der Eidgenossen über den Sonderbund rege gemacht hatte, waren nur zum kleinen Teil erfüllt worden.

In Frankreich hatten wir die Entfernung von Deutschland weit schmerzlicher empfunden.

Durch Zeitungen und persönlichen Verkehr blieben wir von Birsfelden und Rheinfelden aus in fortwährender Verbindung mit Deutschland. Wir erfuhren nicht bloß rasch, sondern auch mit vollkommener Genauigkeit alles, was sich in dem geliebten Vaterland zutrug. Seine Schmerzen waren die unsrigen, und wenn es uns nicht vergönnt war, im Vaterland selbst zu wirken, so war es unser süßester Trost, wenigstens mit demselben zu leiden. (...)[48]

48 Amalie und Gustav Struve konnten sich – ebenso wie Emma und Georg Herwegh – unter teils dramatischen Umständen in die Schweiz retten. Dort hielt es Gustav Struve aber, wie Amalie in ihren Erinnerungen andeutet, nicht lange aus. Schon im September 1848 kehrte er mit 50 bewaffneten Männern, von Basel kommend, nach Baden zurück, rief in Lörrach die »Deutsche Republik« aus und zog mit 4000 Freischärlern Richtung Karlsruhe (»zweiter Badischer Aufstand«). Die Aufständischen kamen allerdings nur bis Staufen, wo sie von Großherzoglichen Soldaten entscheidend geschlagen wurden. Gustav Struve wurde gefangengenommen und im März 1849 wegen versuchten Hochverrats zu acht Jahren Zuchthaus verurteilt, konnte aber schon im Mai von Revolutionären aus der Haft befreit werden und wurde im Juni zum Mitglied einer »Revolutionsregierung« gewählt (»dritter Badischer Aufstand«). Als daraufhin preußische Truppen in Karlsruhe und Freiburg einzogen und am 23. Juli auch die Festung Rastatt einnahmen, war die Badische Revolution endgültig gescheitert. Die Struves flohen erneut in die Schweiz,

## Zwölfter Abschnitt.
Rückblick auf Deutschland.
Reise nach England.

*Der Flüchtling an der Themse Strand*
*Empfindet tief fürs Vaterland.*

Wir hatten einen Zwangspass nach Lons le Sauniers im Departement des Jura erhalten. Struve, ich und mein Bruder Pedro, als wir den 20. September daselbst anlangten, erhielten wir wiederum eine Zwangsroute über Orleans, Dreux, Ebreux und Rouen nach Havre. Wir wurden auf diese Weise gezwungen, große Umwege zu machen, welche dadurch insbesondere sehr zeitraubend und kostspielig wurden, dass wir nicht imstande waren, uns der Eisenbahn auf größeren Strecken zu bedienen. Erst den 6. Oktober langten wir in Havre an.

Die Reise durch Frankreich war nichtsdestoweniger für uns anziehend. In Châlons sur Marne trafen wir mit unserem Freund Willich zusammen, mit dem wir von da an die Reise gemeinsam machten. Die Stimmung in Frankreich schien uns aller Orten eine sehr gedrückte zu sein. Dem Volk war durch die republikanische Verfassung durchaus keine Erleichterung zuteilgeworden. Zwar war durch die Februar-Revolution die Monarchie zertrümmert worden. Allein das stehende Heer, die Bürokratie, das Pfaffentum und der Geldwucher hatten ihre Erbschaft angetreten. Sie setzten das alte System unverändert fort und mussten daher naturgemäß die auf dem Volk ruhenden Lasten vergrößern und vermehren. Den 8. Oktober schifften wir uns in Havre nach Southampton ein. Vor seiner Abreise hatte Struve folgendes Schreiben zum Zwecke der Veröffentlichung an einen Freund gerichtet: »Havre, den 7. Oktober 1849.

Geehrter Freund!

Im Begriff mich nach England einzuschiffen, rufe ich Dir und allen Gesinnungsgenossen ein herzliches Lebewohl zu. Durch den Bund der Tyrannen Europas, in welchen die Machthaber der Schweiz und Frankreichs eingetreten sind, gezwungen, eine Zufluchtsstätte jenseits des Kanals zu suchen, verfolgt und gehetzt von den Polizeiknechten zweier Republiken, scheide ich aus der Nähe des deutschen Vaterlandes mit der festen Zuversicht, bald dahin wieder zurückzukehren, um den Kampf mit den sechs Geißeln der Menschheit (dem Königtum, dem Geburtsadel, dem Beamtentum, dem stehenden Heer, dem Pfaffentum und dem Geldwucher) wieder aufzunehmen.

Die Zeit der leeren Worte ist verschwunden, die Schwätzer werden das Volk nicht mehr täuschen durch ihre künstlich ausgedachten Reden. Entweder das blutige Schwert der Tyrannei oder die lodernde Flamme der Freiheit, entweder das Kosakentum mit Knute, Pulver und Blei oder die Republik mit Wohlstand, Bildung und Freiheit! An dem Kampf zwischen diesen beiden unversöhnlichen Gegensätzen werde ich teilnehmen bis zum letzten Hauch meines Lebens; sei es auf dem festen Boden des Vaterlandes stehend, sei es als Verbannter im Auslande wohnend. Da und dort kann für die große Sache der Völker gewirkt werden, denn der Entwickelungsprozess unserer Tage beschränkt sich nicht auf dieses oder jenes Land Europas; er geht vor sich in der gesamten Gesellschaft der alten und der neuen Welt, und siegreich wird diese erst dann daraus hervortreten, wenn die Völker ihren Bund der Freiheit geschlossen haben werden. Dann wird das Joch der verbündeten Fürsten zerfallen. Die Gefängnisse der Republikaner werden sich öffnen, die politischen Flüchtlinge werden in die Heimat zurückkehren und unter ihnen auch ich in die Meinige.

Ich verlasse das Festland Europas ohne Hass und ohne ein Gefühl der Rache, doch mit der Überzeugung, dass, wenn der Kampf von Neuem beginnt, die Feinde der Freiheit vertilgt werden müssen ohne Schonung. Dieses wird aber nicht geschehen können durch Bluturteile, wie sie jetzt gegen die Unsrigen verhängt werden, sondern nur durch tief eingreifende Organisationen, welche zu gleicher Zeit alle Stützen der alten Tyrannei zerbrechen und den Grund zu einer neuen Ordnung der Gesellschaft legen. Unser Kampf ist der Kampf der unterdrückten Tugend gegen das schwelgende Laster. Jede Schandtat unserer Gegner wirbt uns neue Freunde. Unsere Sache ruht auf den ewigen Säulen der sittlichen Kraft des religiösen Gefühls und der freien Erkenntnis. Verfolgungswut, Aberglauben und Zwang können im Jahre 1849 nicht lange mehr bestehen. Wohl werden noch Ströme Blutes fließen, bevor die ewigen Rechte der Menschheit werden Geltung erlangen; doch nicht wir werden die Schuld davontragen, sondern die Henker Robert Blums und Trützschlers, die besoldenden und die besoldeten Mörder der Freiheit.

Lebe wohl, bis wir uns wiedersehen beim Kampf der Entscheidung!

Dein treuer Gustav Struve.«

In Havre verlebten wir noch einige Tage mit zahlreichen Freunden, welche durch die Macht der Verhältnisse aus Europa vertrieben, nach Amerika auswandern. Wenige Stunden, bevor wir uns selbst nach dem Inselland einschifften, sahen wir sie bei günstigem Wind hinausfahren in die unendliche See. Sie Alle verließen Europa mit dem festen Entschluss, bei der ersten günstigen Gelegenheit in das geliebte Vaterland zurückzukehren, um an dessen Befreiungskämpfen teilzunehmen. Alle schieden auch mit der festen Zuversicht, dass die Zeit nicht fern, in welcher Rückehr ihnen möglich sein würde.

Den 10. Oktober liefen wir in London ein, woselbst wir bis zum heutigen Tage verweilen. England hat an den Bewegungen der neuesten Zeit so gut als keinen Anteil genommen. Wir fühlen uns daher sehr vereinzelt in der ungeheuren Weltstadt. Es wird uns schwer werden, uns hier wohlzufühlen. Die Herzlichkeit, wie wir sie in Deutschland gewohnt waren und teilweise auch in der Schweiz wiedergefunden hatten, werden wir in England vergebens suchen. Geld und wiederum Geld ist der große Hebel, welcher hier alle Kräfte in Bewegung setzt.

Doch auch England wird seinen Tribut der Zeit zu zahlen haben. Während das Festland Europas Riesenschritte vorwärts machte, ist Britannien, stolz auf seine Errungenschaften der Vergangenheit, unbeweglich geblieben. Während alle Völker des europäischen Festlandes die Macht der Ideen empfangen und geltend machten, waren die Machthaber in England bemüht, den Einfluss derselben von dem Volk fernzuhalten. Und es gelang ihnen, wohl über Erwarten, gut. Doch nirgends ist der Gegensatz zwischen Armut und

Reichtum so groß als in England, und folgeweise ist auch nirgends der Stoff zu einer Revolution so reichlich vorhanden als eben hier.

Die Nachrichten, welche uns aus Deutschland zukommen, überzeugen uns mehr und mehr von der Unhaltbarkeit der gegenwärtigen Zustände des geliebten Vaterlandes. Männer wie Hahnau und Hirschfeld[49] können zwar zerstören, allein nicht schaffen. Durch einen erhöhten Druck, welcher auf das Volk ausgeübt wird, müssen alle revolutionären Kräfte des Volkes nach und nach zu einem großen Ganzen vereinigt werden. Unser teures badisches Volk, welches seit dreißig Jahren dem gesamten deutschen Vaterland die Fahne der Freiheit vorangetragen, muss nun für seine aufopfernde Tatkraft leiden. Die Kerker des Landes sind gefüllt mit den edelsten Männern. Viele Tausende sind in die Verbannung getrieben und irren zum Teil in furchtbarer Not in der Fremde umher. Noch immer halten die blutigen Standgerichte ihre Sitzungen und verurteilen auf höhere Weisung die Freiheitskämpfer. Viele sind bereits gefallen unter dem mörderischen Blei betörter deutscher Brüder. Noch ist das Ende der Bluturteile nicht abzusehen. Unter den Opfern haben wir besonders viele Freunde und Bekannte zu beklagen. Dortu, Neff, Elsenhans, Böhning, Tiedemann, Trützschler, Zenthöfer, Streuber[50] — sie waren uns alle teils innig befreundet, teils doch persönlich wohl bekannt.

---

49  Preußische Generäle.
50  Maximilian Dortu, Friedrich Neff, Ernst Elsenhans, Georg Böhnig, Gustav Tiedemann, Wilhelm von Trützschler, Philipp Zenthöfer und Valentin Streuber wurden nach Niederschlagung der Revolution allesamt zum Tode verurteilt und standrechtlich erschossen.

*Dortu* ist in meinen Augen derjenige Märtyrer, welcher als Repräsentant der begeisterten deutschen Jugend betrachtet werden kann. Er besaß die ganze Kraft derjenigen Überzeugung und Begeisterung, welche sich in dem edelsten Teil der deutschen Jugend findet. Bereit zu jeder Arbeit, auch der dem Anschein nach gewöhnlichsten, wenn es galt, dem Vaterland zu dienen, heiter und unverzagt in Gegenwart jedweder Gefahr, bewies er vielleicht mehr als irgendein anderer, was eine tiefe Überzeugung, verbunden mit jugendlicher Tatkraft vermag. Sein Bild wird bei dem nächsten Freiheitskampf den deutschen Jünglingen voranleuchten und sie zu gleicher unerschütterlicher Kühnheit und Ausdauer ermutigen.

Einen bezeichnenden Gegensatz zu ihm bildet der greise *Böhning*. Erscheint uns Dortu als Vertreter der begeisterten Jugend, so war Böning der Vertreter des begeisterten Alters. Er hatte schon in Griechenland gekämpft, und seit jener Zeit aller Orten, wo es Freiheitsschlachten gab. Er war grau geworden im Dienst der Freiheit. Noch sehe ich vor mir den Greis mit dem wallenden weißen Haupthaar und Bart, mit den freundlichen blauen Augen, der hohen schönen Stirn und der feingeformten römischen Nase. Ungebeugt von der Last der Jahre schritt er noch rasch und leicht einher. Er war ein Mann von kräftigem Körperbau, etwas mehr als mittelgroß. Besonders imponierend war seine Erscheinung, wenn er an der Spitze seiner Schar politischer Flüchtlinge, er, der Greis, an der Spitze der frischen Jugend daherzog. Wo er sich zeigte, wurde er von dem Landvolk als Vater begrüßt. Dortu war ein Jüngling von blühender Schönheit, eine hohe, schlanke Gestalt, dunklem Haupthaar und dunklem ausdrucksvollen Auge. Böning hinterließ eine halb erblindete, schwer geprüfte Witwe, Dortu eine Braut und liebende Eltern, deren einziger Sohn er war.

Wie der Jüngling Dortu und der Greis Böning, so starben alle zum Tode verurteilten Freiheitskämpfer mit wahrem Heldenmut. Ihr Tod entsprach ihrem Leben. Bei ihnen war Wort und Tat stets Hand in Hand gegangen. Ihr Andenken wird fortleben in den Herzen des Volkes. An uns Frauen ist es aber zumal, diesen Märtyrern deutscher Freiheit Blumen und Kränze auf ihre Totenhügel zu streuen. Ihre Namen sollen eindringen in das innerste der Familien. Sie sollen als Vorbilder der Jugend vorgehalten werden. Der Gedanke an ihren Tod soll selbst den Kindern schmerzlich sein und die heranwachsende Jugend vertraut machen mit den Pflichten für Freiheit und Vaterland!

Doch nicht bloß Baden, nicht bloß Deutschland, alle Länder Europas haben ihre Märtyrer der Freiheit. Dieselbe Geißel, welche über Deutschland geschwungen wird, rafft auch ihre Opfer dahin in Ungarn, Polen und Italien. Der gleiche Geist herrscht überall. Er wird zu gleichen Taten führen. Dann werden die Flüchtlinge aus allen Teilen der Welt in die Heimat zurückkehren, um noch einmal zu kämpfen und dann zu gründen das Paradies auf Erden.

# EINE REPUBLIKANERIN[51]

Ich werde mich niemals erniedrigen, meinen Charakter zu verstellen oder meine Grundsätze zu verleugnen. Ohne dass ich suche mich zu zeigen, lasse ich mich gern erkennen, weil es meiner unwürdig wäre, mich zu verbergen.
*Aus den Denkwürdigkeiten der Bürgerin Roland.*[52]

Blicken wir umher im deutschen Vaterland, so sehen wir manche geistig hochbegabte·Menschen beiderlei Geschlechts und viele bedeutende Talente unter ihnen. Aber Charaktere, welche sich hervorgetan und eine entschiedene Stellung

51  Dieser Text entstand 1848 oder 1849 im Freiburger Gefängnis. Amalie Struve wird dort also Zugang zu Schreibmaterialien und vermutlich auch zu Literatur gehabt haben. Das heute vielleicht befremdlich wirkende hohe Pathos des Textes erklärt sich zum Teil sicherlich aus den dramatischen Ereignissen (Aufstand, Niederlage, Gefängnis, Trennung von ihrem Mann, der in der Festung Rastatt einsitzt), die Amalie Struve gerade durchlebt.

52  Jeanne-Marie Roland führte zur Zeit der französischen Revolution (1789), gemeinsam mit ihrem Mann Jean-Marie Roland de La Platière, in Paris einen Salon, wo sich viele Führungspersönlichkeiten der Revolution trafen. Amalie Struve sah in Madam Roland offenkundig eine Frau, die ihr eigenes Leben, ebenso wie ihre eigene Ehebeziehung, gewissermaßen vorweggenommen hat.

in den Revolutionen eingenommen hätten, finden wir nur wenig. Freilich rauschte auch die Märzrevolution gleich einem Traume vorüber. Erst der Despotismus, der nach ihr wiederkehrte, erweckte die Schäfer, welche die Taten versäumt hatten.

Das Talent eines Menschen ist wohl hochzuschätzen, aber über ihm erhaben steht der Charakter. Was nützen alle Geistesgaben ohne bestimmte Grundsätze? Wer diese entbehrt, wird ebenso gut dem Fürsten dienen und für ihn Bücher schreiben, als für des Volkes Rechte eine Lanze brechen, vorausgesetzt, dass er seine Rechnung dabei findet. Denn Eigennutz und Charakterlosigkeit sind eng verbunden.

Wie ganz anders stünde es jetzt in Deutschland, wenn die vielen »frei gesinnten« Männer, welche in ruhigen Zeiten Fürstenmord, Aufruhr, Steuerverweigerung und ähnliches predigten und ihre Gegner mit Drohungen schreckten, als die Gefahr an sie heranrückte, treu bei ihrem Banner ausgehalten hätten!

Nicht an Verstand und Einsicht fehlte es den Herren der Linken in der Paulskirche zu Frankfurt, wohl aber an Mut und Charaktertüchtigkeit. Wer diese Eigenschaften nicht besitzt, kann unmöglich ein echter Republikaner sein. Die Revolution ist der beste Prüfstein für die Menschen. Sie ersetzt die Laterne von Diogenes. Auf den Trümmern der Schlösser und Burgen, auf den Leichenhügeln unserer Gegner könnte der junge Freistaat angelegt sein, wenn nicht die charakterlosen feigen Memmen im deutschen Vaterlande jeden Kraftaufschwung, jedes begeisterte Gefühl mit ihren Worten und Reden niedergehalten und abgewässert hätten. Wie unter den Männern, so auch finden wir bei den Frauen wenige oder keine ausgeprägten Charaktere in Deutschland. Unter dem Volke aber ungekannt und verborgen, gleich Veilchen im Grase, ruhen die edelsten Kräfte. Wenn der große Entscheidungskampf im Vaterlande entbrennen wird, der nicht Tage oder Wochen, sondern Monate andauern dürfte, dann werden die deutschen Frauen hervortreten, und sie werden den französischen Republikanerinnen der neunziger Jahre nicht nachstehen.

Mittlerweile mag es nicht unfruchtbar sein, den Frauen das Bild einer französischen Bürgerin vorzuführen, an welchem sie sich aufrichten können in dieser Zeit der Vorbereitung, und das Nachahmung erwecken möge, das Bild einer Frau, deren Mut und Charakter sich bis zu ihrem Tod bewährte, und welche durch die Kraft ihres Geistes mächtig einwirkte auf die Geschicke ihres Vaterlandes.

Am 20. Februar 1791 begleitete Frau Roland ihren Gatten in ihre Vaterstadt Paris, welche sie seit 5 Jahren nicht gesehen hatte. Herr Roland war von Lyon, woselbst er Direktor der Manufakturen war, gewählt worden, die Handelsinteressen dieser Stadt bei der konstituierenden Versammlung zu vertreten.

In Lyon schon und auf ihrem Landsitz La Platière war Frau Roland den Arbeiten der Nationalversammlung gefolgt und hatte sich mit den bedeutendsten Mitgliedern derselben eifrig beschäftigt. Wie drängte es sie jetzt nach der Hauptstadt hin, es war, als ob die Ahnung dessen, was sie dort zu erfüllen habe, den Einfluss, welchen sie auf die Geschicke ihres Vaterlandes auszuüben berufen war, jetzt schon ihre Seele durchzog. In Paris angelangt, hörte sie die Redner der Revolution mit all dem Feuer eines schwärmerischen Gemütes an: den »mächtigen« Mirabeau, den »erstaunenswerten« Cazalés, den »kühnen« Maury, den »kalten« Barnave, und wie sie alle heißen, die gefeierten Helden der Tribüne jener Zeit.

Begeisterte Anhängerin der Philosophen, leidenschaftlich strebend für die Wiedergeburt des Menschengeschlechts, glaubte Frau Roland, dass mit dem Sturz des Königtums die Armut und das Elend des Volkes, welches ihr tief zum Herzen gedrungen war, enden und die Welt eine neue Gestalt annehmen werde. Ihr Streben war von Jugend an der Republik zugewandt gewesen. Aus den klassischen Schriften der Griechen und Römer hatte sie die Ideen geschöpft, welche sie auf den republikanischen Standpunkt emporgehoben. Als Kind schon hatte sie ihren Geist mit den Musterwerken des Altertums genährt. Oft begleitete sie ein Band von Plutarchs Schriften eines Gebetbuches in die Kirche, und in ihrem Geiste lebte sie inmitten der alten Republiken. Was die Aristokraten waren ihr nicht minder verhasst als das Königtum. Sie hatte Gelegenheit gehabt, den Hochmut der einen und den Eigennutz, die Selbstsucht und Herrschsucht der anderen und früher Jugend kennenzulernen.

Alle Liebe, welche in ihrer vorherigen Seele schlummerte, brach sich Bahn in dem Streben für das Glück der Menschheit. Diese Glut der allumfassenden Liebe, dieser mächtige Freiheitsdrang verstand die Bürgerin Roland ihrem Gatten und ihren Freunden mitzuteilen.

Die jungen Apostel der Freiheit und der Revolution: Brissot, Pethion, Robespierre, Buzot, Barbaroux und andere kamen mehrere Male in der Woche in den kleinen Salon der Frau Roland zusammen, und bald war dieses Weib die Seele, welche eine Partei[53] beleben sollte. Der Zweck dieser Zusammenkünfte war, geheim zu beraten über die Schwächen der konstituierenden Versammlung, über die Fallen, welche ihr der verräterische König im Bunde mit der Aristokratie und der Clerisei[54], stellte und über die Maßregeln, welche getroffen werden mussten, um der so glorreich begonnenen Revolution den Sieg zu verschaffen. An den Verhandlungen dieser kleinen Komitees nahm die Bürgerin Roland keinen tätigen Anteil, doch wohnte sie diesen stets bei und fand denn auch die Gelegenheit, ihre Ansichten den Freunden gegenüber geltend zu machen. Oft war Frau Roland unzufrieden mit dem schleppenden Gang der Verhandlungen, welche in ihrem Beisein gepflogen wurden, schmerzte sie, dass vernünftige Männer in einer so inhaltsschweren Zeit 2 bis 3 Stunden mit Reden zubringen konnten, ohne am Ende auch nur zu einem Abschluss zu kommen.

»Ich hätte manchmal«, sagte Frau Roland in ihren Denkwürdigkeiten, »aus Ungeduld diese Weisen beohrfeigen mögen, welche ich täglich mehr achten lernte in ihrer Ehrlichkeit und der Reinheit ihrer Gesinnung halber, welche aber nicht verstanden, eine Partei zu führen und folglich ihr Einfluss in der Nationalversammlung zu verschaffen.«

Die Sturmglocke der großen französischen Revolution, deren Schläge Frau Roland mit Lust vernahm, war für sie die Verkünderin einer neuen, schöneren Zeit. Sie wollte mithelfen, den Idealen ihrer Seele Eingang in die wirkliche Welt zu verschaffen, und sie tat es bis zu ihres Lebens Ende.

53 (Anm. im Original) Partei der Gironde, eine gemäßigte Partei des Bürgertums.
54 Der Klerus, die Geistlichkeit.

Wenn sie ihr geknechtetes Vaterland verglich mit den Staaten der Vorzeit, mit Griechenland und Rom, zur Zeit der Republik, so blutete ihr Herz. Sie fand zwar nicht in Frankreich die Weisheit der Gesetze Griechenlands, die Tugend und die Einfachheit der Sitten seiner Bürger, die Heldennaturen und die Kraftmenschen der Athener und Spartaner, allein ihre Seele hob sich höher bei dem Gedanken, dass die große Zeit, in welcher sie lebte, auch große Menschen erzeugen würde.

Die Emanzipation der Völker war für Frau Roland gleichbedeutend mit der Emanzipation der Ideen. Indem sie die Throne erschütterte, wusste sie, dass Sie für die Menschheit, und indem Sie die Altäre umstürzte, dass Sie für Gott arbeite.

Frau Roland war in der katholischen Religion erzogen worden. Ihr freier Geist strebte jedoch bald gegen die Knechtschaft des Gewissens an, und ihre Vernunft stieß die Wunder, welche diese Kirche lehrt, weit von sich. Die Philosophie war ihr Glaube. Doch war sie deshalb keineswegs Atheistin. Sie sagt vielmehr selbst: »Im stillen Arbeitszimmer bei einer trockenen Erörtung stimme ich mit dem Atheisten über die Unauflösbarkeit gewisser Fragen überein; aber in der blütenreichen, freien Natur erhebt sich mein bewegtes Herz zu der unsichtbaren Kraft, welche ihr Leben einhaucht. Wenn dichte Kerkermauern mich trennen von allem, was mir teuer ist, wenn alle Übel der Gesellschaft auf einmal über uns hereinbrechen, sehe ich dennoch mit Hoffnung und Ruhe in die Zukunft. Denn jenseits der Grenzen dieses Erdenlebens sehe ich ein höheres, schöneres Dasein. Näher zu erklären vermag ich es nicht, ich fühle bloß, dass es so sein muss.«

Diese Worte finden ihren Widerhall in vielen tausend Herzen. Wie traurig wäre dieses kurze Erdenleben, von Leiden und Mühen so reich durchflochten, wenn wir uns nicht im Hinblick auf die Vorsehung und auf ein schöneres künftiges Dasein stärkten! Unser Geist strebt nach Vervollkommnung, er entwickelt sich fort und fort auch nach des Leibes Untergang. Wenn wir einen Berg erklimmen und durch dichten Wald und Gestrüpp uns Bahn brechen müssen, entbehren wir alle Aussicht. Doch oben angelangt auf der Spitze liegt vor uns entfaltet die schönste Fernsicht auf blühende Täler, blumige Auen, auf Städte und Flüsse.

Frau Roland hatte früh den Ernst des Lebens kennengelernt. Den tiefsten Schmerz bereitet ihr als Jungfrau der Tod ihrer Mutter, an welcher sie mit warmer Liebe hing. Frau Roland zählte damals 21 Jahre. Mit 25 Jahren verband Sie sich mit Roland. Sie legte bei ihrer ehelichen Verbindung keinen Wert auf äußere Ehren oder Reichtum. Sie suchte einen Geist, der sie verstand und mit ihr strebte. Roland, der ihre philosophische Richtung teilte, tiefen Ernst und reine Sitten besaß, ward ihr bester Freund, an dessen Arbeiten sie den innigsten Anteil nahm und dem sie die kräftigste Stütze wurde. Die Naturgeschichte und die Botanik füllten ihre Mußestunden angenehm aus. Selbst nachdem sie Mutter geworden war, hörte sie nicht auf, ihres Mannes Arbeiten zu teilen. »Meine Jahre in der Ehe«, sagt Frau Roland, »sind durch Fleiß bezeichnet und durch das ernste, ruhige Glück, welches treue Pflichterfüllung uns verleiht.«

Die Eheleute Roland schenkten sich gegenseitig das innigste Vertrauen. Die Gattin nahm als wahre Ehehälfte ihren Anteil an allem, was die Seele ihres Mannes bewegte.

Er hegte keinen Plan, keinen Gedanken, den er ihr nicht mitteilte. Große Gesellschaften besuchten sie nie. Diese waren Roland ebenso sehr als seiner Frau zuwider. Frau Roland zog ihnen das Studium oder den Austausch der Ideen mit ihren Gesinnungsgenossen vor. Der Kreis, in dem sie sich bewegte, war nie sehr ausgedehnt. Außer ihren nächsten Verwandten sah Frau Roland gewöhnlich nur Leute, deren geistige Richtung und Arbeiten sie ihr und ihrem Gatten näherbrachten.

Frau Roland gewann bald das Vertrauen und die Achtung ihrer Gesinnungsgenossen, deren Ausdauer und Mut sie beständig anfeuerte und wach erhielt. Ohne Ränke, ohne eitle Neugierde, durch ihren Geist und ihr begeistertes Freiheitsgefühl ward sie der Mittelpunkt, um welchen die hervorragendsten Geister der französischen Revolution sich bewegten.

Manche der klassischen Reden, welche Buzot, Vergniaud, Barbaroux und andere hielten, verdankten ihre Entstehung den Eingebungen der begeisterten Republikanerin Roland. Ihr Mut hielt die Männer aufrecht, wenn sie zu zagen begannen, ihre Begeisterung erwärmte die Freunde, wenn die erschlaffenden Einflüsse des Alltagslebens ihre Ausdauer zu beugen drohten. Robespierre[55] selbst entlehnte viele seiner Ideen von Frau Roland. In ihrem Zimmer ward zuerst festgestellt, dass Frankreich eine Republik werden müsse. Frau Roland achtete Robespierre als einen eifrigen Kämpfer für die Freiheit. Er kam oft zu den Sitzungen des Kleinen Komi-

55 Maximilian de Robespierre, führender Politiker der radikaldemokratischen Jakobiner, der später als »Blutrichter« gegen die »Feinde der Revolution« wütete (»Terrorherrschaft«), bevor er im Juli 1794 selbst hingerichtet wurde.

tees und war mit Roland und seiner Frau in freundschaftlichem Briefwechsel gestanden. Frau Roland bewies Robespierre ihre Freundschaft durch die Tat. Nach dem Blutbad des Champ de Mars ward Robespierre angeklagt, mit den Verfassern der Absetzungspetition konspiriert zu haben und als Aufständischer von der Rache der Nationalgarde bedroht.

Er musste sich verbergen. Frau Roland, begleitet von ihrem Mann, ging nach seinem Zufluchtsort, um ihm einen solchen in ihrem eigenen Haus anzubieten. Er war aber schon anderswo verborgen. Von da eilte sie zu Buzot[56], ihren und Robespierres Freund, den sie beschwor, Robespierre zu schützen, was dieser auch tat. Noch im Kerker erinnerte sich das edle Weib mit ihrer Herzensfreude an den Dienst, welchen sie dem Mann erwies, der ihren Tod beschlossen hatte.

Im Monat Dezember 1791 wurde Roland Minister des Innern. In dieser schwierigen und gefahrvollen Stellung leistete ihm seine Gattin die wertvollsten Dienste.

Um die Administrationsgeschäfte kümmerte sich Frau Roland nicht. Doch vertrat sie nach wie vor die Stelle eines Sekretärs bei Ihrem Manne. Sie entwarf für ihn Zirkulare, Instruktionen und andere öffentliche Schreiben, nachdem sie sich darüber mit ihrem Gatten besprochen hatte.

Durchdrungen von seinem Geist, genährt von dem ihrigen, nahm sie die Feder zur Hand. Da Roland und seine Frau die gleichen Grundsätze und einen gleichen Geist hatten, so verständigten sie sich bald über die Form.

---

56 François Buzot, französischer Revolutionär, Abgeordneter des Nationalkonvents und strenger Gegner der konstitutionellen Monarchie, der 1793 von den Girondisten »geächtet« wurde und sich ein Jahr später in der Gegend um Bordeaux das Leben nahm.

Unter den vielen Schreiben, welche Frau Roland entwarf, hat jenes eine besondere Berühmtheit erlangt, worin die französische Regierung von dem Papst zu Rom die Freilassung der dort gefangengehaltenen französischen Künstler verlangte. Wenige Tage nach dessen Ankunft wurden die Gefangenen in Freiheit gesetzt. Frau Roland hatte es verstanden, dem Schreiben die ganze revolutionäre Glut einzuhauchen, von welcher sie selbst beseelt war. Ein gewöhnlicher Sekretär wäre nicht imstande gewesen, ein solches Aktenstück zu verfassen. Auch jenen Brief entwarf Frau Roland, welcher voll der bedeutungsvollsten, wenn auch dem König nicht erwünschten Wahrheiten, den schwachen Fürsten bestimmte, die längst beabsichtigte Entlassung des volkstümlichen Ministeriums auszuführen.

Roland hielt es für unwürdig, eine Stelle innezuhaben, gegen welche der König selbst im Geheimen Ränke schmiedete. Seine Gattin gab den Gefühlen und Ansichten des Ministers einen Ausdruck, welcher jenem Brief die Unsterblichkeit sicherte. Als Roland am 12. Juni 1792 mit seinem Abschiedsdekret in das Zimmer seiner Frau trat, rief er: »Endlich bin ich fortgejagt!« »Ich habe nur den Kummer«, entgegnete Frau Roland, »dass Du nicht viel früher die Initiative ergriffen hast.«

Rolland zog sich nach seiner Absetzung wieder in das Privatleben zurück, verblieb aber in Paris. In seiner bescheidenen Wohnung bestand der kleine Zirkel fort, welcher früher im Hotel des Ministers sich vereinigt hatte. Frau Roland bedauerte nicht einen Augenblick die verlorene Macht. Sie nahm ja mit sich in ihre Zufluchtsstätte ihren Geist, ihre Vaterlandsliebe und ihre Freunde.

Am 10. August 1792 war Roland zum zweiten Mal Minister. Seine Stellung wurde gefährlicher als zuvor. Der Kampf der Girondisten und der Jakobiner wurde immer heftiger. Alle Leidenschaften tobten. Wie sollten sie einen Minister und dessen tatkräftige Gattin verschonen? Frau Roland ward angeklagt, mit dem englischen Ministerium in Briefwechsel zu stehen, und vor dem Konvent geladen, um ihrem Ankläger gegenübergestellt zu werden. Sie erschien. Der Anblick der jungen, schönen Frau, welche mit ihrer lieblichen Erscheinung den Zauber des Genies verband, flößte der Versammlung Bewunderung ein. Frau Roland drückte sich mit der Einfachheit und Bescheidenheit aus, welche die Unschuld so schön kleidet. Sie verachtete es, ihren Gegner anders als durch die Wahrheit niederzuschlagen. Der Verleumder, der sie angeklagt hatte, vermochte es nicht, ihr Rede zu stehen. Er widersprach sich selbst und widerrief teilweise, was er gesagt hatte. Beschämt und verwirrt verstummte er endlich ganz. Ein Beifallssturm zugunsten der Bürgerin Roland brach in der Versammlung aus. Sie ward zu den Ehren der Sitzung beigezogen. Alle Mitglieder der Versammlung erhoben und verneigten sich, als sie durch ihre Mitte schritt und den Saal verließ. Robespierre erklärte, dass der Ankläger der Bürgerinnen Roland der einzige strafbare sei, und dieser war sogleich verhaftet.

Am 22. Januar 1793 gab Roland seine zweite Entlassung ein. Er wollte nicht mehr Minister sein, da seine Gesinnungsgenossen im Nationalkonvent ihn nicht mit der erforderlichen Kraft stützten und so seine Wirksamkeit lähmten. Die Revolution fing an, in die Periode des Terrorismus überzugehen. Am 31. Mai drangen Bewaffnete in Rolands Haus ein. Sie führten einen Befehl des bestehenden revolutionären Komitees bei sich und wollten Roland gefangennehmen. Er protestierte dagegen und sagte: »Er würde nur der Gewalt weichen.« Die Männer zogen sich mit Ausnahme ihres Anführers, der bei Roland verblieb, zurück.

Frau Roland hielt für gut, den Konvent von diesem Vorfall in Kenntnis zu setzen, um die Verhaftung ihres Gatten zu verhindern oder mindestens seine Freilassung rasch zu bewirken. Sie teilte ihren Plan ihrem Mann mit, der ihn billigte. Schnell verfasste sie einen Brief an den Konvent, worin sie alles, was sich begeben hatte, mitteilte, und eilte damit nach den Tuillerien. Sie machte sich Bahn durch die dicht gedrängten Bajonette, und es gelang ihr nach vieler Mühe in den Saal der Petenten zu dringen. Als sie von Freunden erfuhr, dass ihr Brief vor den ersten 2 Stunden nicht verlesen werden würde, kehrte sie nach Hause zu ihrem Gatten zurück, nicht ohne mehrere Male auf den mit Soldaten und Bewaffneten angefüllten Straßen angehalten worden zu sein. Roland hatte sich verborgen, um den Nachstellungen seiner Feinde zu entgehen. Noch am selben Abend kam eine stärkere Abteilung Bewaffneter, um ihn gefangen zu nehmen. Auf die entschiedene Erklärung der Bürgerin Roland, dass sie den Aufenthaltsort ihres Mannes niemandem nennen würde, wurden mehrere Wachen vor dem Haus und an den Türen der Zimmer aufgestellt.

Frau Roland war auf das Schlimmste gefasst und wartete mit Ruhe der Dinge, die da kommen würden. Sie schrieb einige beruhigende Zeilen an ihren Mann, die sie einer treuen Dienerin zur Besorgung anvertraute, und legte sich ermüdet von den Anstrengungen des Tages zur Ruhe.

Doch kaum hatte sie eine Stunde Schlaf genossen, als die Bewaffneten wiederkehrten, um die Siegel im Haus anzulegen und Frau Roland in das Gefängnis abzuführen. Sie entgegnete den Männern, wie Roland es zuvor getan. Allein vergebens.

Um 7 Uhr morgens, nachdem Frau Roland Abschied von ihrer Tochter und ihren Dienstboten genommen, welche sie zur Ruhe und Geduld ermahnte, verließ sie gefasst und festen Schrittes ihre Wohnung, um begleitet von hundert Bewaffneten nach der Abbaye gebracht zu werden.

Im Gefängnis schrieb sie sogleich an den Nationalkonvent und an den Minister des Innern. Das Schreiben an den Minister enthielt unter anderem die Worte: »Wenn mein Verbrechen ist, die Grundsätze meines Gatten geteilt, die Kraft des Mutes und die Liebe der Freiheit stets im Herzen getragen zu haben, so bekenne ich mich schuldig.«

Ihre Lieblingsbücher, namentlich das Leben der berühmten Männer von Plutarch, Hume, Rousseau, Tacitus und andere, erheiterte ihr die trüben Stunden des Kerkers. Während unten auf den Straßen der Generalmarsch wirbelte und die Sturmglocken läuteten, saß Frau Roland ruhig auf ihrem Lager und träumte von ihrer Vergangenheit und Zukunft. Wo mochte wohl ihr Gatte jetzt sein?, fragte sie sich oft mit bitterer Wehmut. Die Ungewissheit über sein und der Freunde Schicksal quälte sie mehr als die Sorge für ihre eigene Zukunft. Der Schmerz wurde heftiger, als sie von den zahllosen Gefangennehmungen ihrer Freunde Kenntnis erhielt.

24 Tage brachte sie im Kerker ohne Verhör zu. Endlich war ihr plötzlich angekündigt, dass sie frei sei, doch dabei die

Frage nach ihres Mannes Aufenthalt wiederholt. Sie lächelte, ohne etwas zu erwidern.

Frau Roland eilte nach Hause. Doch bemerkte sie nicht ohne Unruhe, dass Bewaffnete ihr in einiger Entfernung folgten. Sie war noch nicht auf der Hälfte der Treppe angelangt, als diese sie zum zweiten Male verhafteten. Frau Roland ahnte, dass ihr Tod von den Feinden beschlossen sei. Aber ihr Mut war nicht kleiner als das Schicksal, welches sie erwartete. Sie dachte jetzt nur daran, die Lebensfrist, welche ihr noch gelassen, wohl zu benutzen. Der Tod hatte niemals etwas Furchtbares für Frau Roland gehabt. Doch der Gedanke an ihren Gatten und ihre Tochter erschwerten ihr die Trennung von diesem Leben.

Bosc[57] teilte später ihr mit, dass Roland sicher aufgehoben sei bei treuen Freunden auf dem Lande und ihre Tochter in dem Schoße einer edlen Familie sich befinde. Dieses Bewusstsein erhob sie und gab ihr Trost in ihrem Kerker. Frau Roland wendete ihre Fähigkeiten an mit der Unabhängigkeit, welche eine starke Seele auch in Fesseln sicher hält. Sie beschäftigte sich namentlich damit, ihre Vergangenheiten niederzuschreiben. Sie begann mit ihrer Jugend und führte die Schilderung fort bis zum letzten Tage ihres Lebens. Des ersten Teils ihrer Notizen wurden ihre Peiniger habhaft und verbrannten ihn.

Aber Frau Roland ließ sich nicht so leicht entmutigen. Sie begann von neuem, ihre Erinnerungen niederzuschreiben. Diesmal musste Champagneux, bei welchem Hausuntersuchung gehalten ward, selber die ihm von Frau Roland anver-

---

57  Frédéric Bosc, ein Freund der Familie.

trauten teuren Denkblätter vernichten, um sein Leben und seine Freiheit zu retten und der Freundin fernerhin dienen zu können. Mit der unerschütterlichen Beharrlichkeit, welche ihr eigen war, fing sie zum dritten Mal an, ihr Leben niederzuschreiben. Ihre Erfahrungen und den reichen Schatz von Ideen, Hoffnungen und Bestrebungen, den sie in sich getragen hatte, legte sie mit dem Feuer einer begeisterten Seele, welche dem Tode fest ins Auge sieht, in ihren unsterblichen Denkwürdigkeiten nieder. Der treue Bosc harrte unten am Gitterfenster im Gefängnishof auf die Schriften, welche die Freundin am Bindfaden leise hinuntergleiten ließ. Er verbarg dieselben in der Höhlung eines Eichbaumes unweit Paris und rettete so die Gedenkblätter der Bürgerin Roland. Und als diese tot und die Schreckenszeit vorüber war, holte Bosc sie hervor und übergab der Nachwelt das Geisteswerk der hochherzigen Patrioten.

Frau Roland brachte in der Abbaye und Ste Pélagie über 5 Monate zu. Ihre Denkwürdigkeiten liefern uns den trefflichsten Beweis ihrer ungetrübten Geistesruhe. In Ste Pélagie ward ihr durch die Freundlichkeit der Gefangenenwärterin zuweilen die Freude, einen oder den anderen Freund zu sehen. Der treue Bosc schmückte ihre Zelle mit Blumen und Blüten und verschaffte ihr die Bücher und Schreibmaterialien, welche sie wünschte. Selbst ein Klavier hatte sie sich verschafft, an welchem sie manche Stunde in süße Erinnerungen versenkt, Melodien ersann und spielte.

Die Schreckensherrschaft nahm mittlerweile an Macht und Ausdehnung furchtbar zu. Die Freunde der Frau Roland sollten vor das Revolutionstribunal gebracht und ihnen ihr Urteil verkündet werden. Sie sah deren Tod voraus und warte stündlich darauf, dass man auch sie aus dem Kerker hole, um das Schicksal der Freunde zu teilen.

Am Tag der Hinrichtung Brissot's (31. Oktober 1793) wurde die Bürgerin von Ste Pélagie nach der Conciergerie[58] verbracht. Sie hoffte und wartete mit Entzücken darauf, als Zeugin in der Sache ihrer Freunde vor das Tribunal gerufen zu werden. Sie wollte dann ohne Rückhalt ein letztes Mal ihrem gepressten Herzen Luft machen, denn sie wusste, dass die Kraft eines großen Mutes der Wahrheit Nutzen bringen könne.

Frau Roland ward auch wirklich vorgefordert, doch kam sie nicht weiter als in des Gerichtsschreibers Zimmer. Die Gegner fürchteten ihre glühende Beredsamkeit so sehr, dass sie es besser fanden, die Episode, welche die Bürgerin herbeiführen dürfte, zu vermeiden. Lange Stunden währten die Verhöre, welche Frau Roland bei verschiedenen Richtern zu bestehen hatte. Sie beantwortete die Fragen der Richter mit festem Ton und in kurzen Worten, ihren Grundsätzen gemäß. Sie sprach mit Zärtlichkeit von ihrem Mann, mit Achtung von ihren Freunden und mit einer stolzen Bescheidenheit von sich selbst. Oft fuhr der öffentliche Ankläger gegen sie auf, schrie: »Er würden nimmer mit dieser Frau fertig werden«, und schloss das Verhör, um am anderen Tag die Qual zu erneuern. Doch Frau Roland blieb sich treu und bewährte bis zum Ende ihren unbeugsamen Mut.

»Ich weiß oder nicht, wo mein Gatte sich findet, ich darf und will es nicht sagen. Ich kenne kein Gesetz, welches mich auffordert, die heiligsten Gefühle der Natur zu verraten. Ihr

58 Gefängnis des Justizpalastes in Paris.

90

könnt mich auf das Schafott schicken, aber die Freude eines guten Gewissens könnt ihr mir nicht rauben.«

So antwortete Frau Roland auf die ungestümen Fragen des Anklägers nach ihrem Mann und ihren Freunden.

Ihre Tage in der Conciergerie waren gezählt, davon überzeugte sie das Jammergeschrei ihrer Mitgefangenen, welche von den Henkern aus den anstoßenden Zellen gezerrt wurden. Sie hörte die Karren voll Verurteilter am Gitterfenster vorbeifahren und ihre Klagen die Lüfte durchzittern. Vielleicht in der nächsten Stunde wurde auch sie zur Todesstädte gebracht.

In der Nacht, welche auf ihr Verhör folgte, schrieb Frau Roland den Entwurf zu ihrer Verteidigung. Sie schrieb diese für die Welt, nicht für ihre Richter. Denn auf die letzteren zu wirken, erwartete sie nicht.

Da Sie einen Anwalt nehmen musste, wählte sie Chauveau, den beredten Verteidiger Charlotte Corday's[59], doch sagte sie ihm, dass eine Verteidigung nichts nützen werde und dass sie auch eine solche nicht wünsche. Ihre »letzten Schriften« bestimmte sie hauptsächlich den Pflegeeltern ihres Kindes. Alle die Gefühle, welche in ihrer Seele auf und niederwogten, den Todesmut und die heilige Begeisterung, mit welchen Frau Roland durch ihre Gegenwart in der Conciergerie die niedergedrücktesten Männerseelen erhob, hat sie mit Flammenzügen in diesen niedergelegt.

Der verhängnisvolle Tag kam heran, da Frau Roland vor das Revolutionstribunal geführt werden sollte. Ehe sie dem

---

59 Charlotte Corday erlangte als Mörderin Jean-Paul Marat's Berühmtheit. Sie starb am 17. Juli 1793, vier Tage nach dem Attentat, unter der Guillotine

Ruf folgte, schrieb sie noch wenige Worte an ihren Gatten und ihr Kind, denn sie wusste, dass ihr der Tod bestimmt war.

»Meine geliebte Eudora«, sagt Frau Roland unter anderem in dem Schreiben an ihre Tochter, »gedenke deiner Mutter. Diese wenigen Worte enthalten das Beste, was ich dir sagen kann. Du hast mich glücklich gesehen in der Erfüllung meiner Pflichten. Nur so kann man es sein. Die Grausamen können dich der Mutter berauben, aber mein Beispiel können sie dir nicht nehmen. Es bleibt dir, und ich fühle an den Pforten des Grabes selbst, dass dieses eine reiche Erbschaft ist.«

Chauveau, Frau Rolands Verteidiger, sprach die Hoffnung aus, sie nach den Verhandlungen wiederzusehen, d. h., dass sie freigesprochen werden würde. Frau Roland antwortete mit einem schmerzlichen Lächeln: »Morgen werde ich die Sonne nicht mehr sinken sehen.« Zugleich zog sie einen Ring vom Finger, dem sie den jungen Mann zum Andenken überreichte. Ihrem Freund Bosc sandte sie eine kleine Zeichnung, welche sie im Kerker gemacht hatte.

Sie erschien vor dem Revolutionstribunal. Man beschuldigte sie hauptsächlich, die Frau Rolands und die Freundin seiner Gesinnungsgenossen zu sein, und sprach nach kurzer Verhandlung über sie das Todesurteil. Robespierre, dem sie einst Freiheit und Leben gerettet hatte, beschloss mit den anderen ihren Tod.

»Ihr haltet mich für würdig«, entgegnete sie den Richtern mit sicherer, klangvoller Stimme, »das Schicksal der großen Männer zu teilen, welche ihr gemordet. Ich werde suchen, auf dem Schafott ihre Festigkeit zu zeigen.«

Wie Frau Roland im Kerker den Mut ihrer Mitgefangenen belebte, so richtete sie auch auf ihrem letzten Weg die Schicksalsgenossen auf, welche mit ihr auf einem Karren zum Richtplatz fuhren. Es war ein kalter, heller Wintertag, der 12. November 1793.

Die Hinrichtung fand statt auf dem Platz, welcher damals den Namen von der »Revolution«, jetzt den der »Eintracht« führt. Auf derselben Stelle, welche jetzt den Obelisken trägt, erhob sich in jener Zeit eine riesenhafte Bildsäule der Freiheit. Vor dieser war das Schafott aufgerichtet. Frau Roland ging mit sicherem Schritt und würdevoller Haltung die Stufen zu demselben hinan. Sie hatte sich mit Sorgfalt zum letzten Mal angetan und ein weißes Kleid eingelegt. Ihre feinen, schwarzen Haare fielen aufgelöst auf ihren Nacken nieder. Sie trug ihr Haupt so stolz als jemals zuvor. Und aus ihren tiefen dunklen Augensternen leuchtete die Begeisterung ebenso warm und hehr als in den Tagen des Glückes. Oben auf dem Schafott angelangt, zog sie zum letzten Mal mit vollen Zügen die reine Luft ein, blickte noch einmal lange um sich her und auf das Volk, welches umher stand, das Schauspiel anzusehen. Ihre Augen fielen auf die Bildsäule der Freiheit, die vor ihr stand. Eine Welt des Schmerzes lag in diesem Blick.

»Oh, Freiheit, welche Verbrechen werden in deinem Namen verübt!«, rief sie aus, und Tränen verschleierten ihre Augen. Sie senkte ihr Haupt, das Eisen fiel, und sie war nicht mehr. Sie hatte noch nicht ihr 39. Jahr vollendet.

Als Bürger Roland in seinem Versteck den Tod seines Weibes vernahm, verließ er dieses und stieß sich auf der Straße von Paris seinen Stockdegen in die Brust. Frau

Roland hatte geahnt, dass ihr Mann sie nicht lange überleben würde. In einem ihrer Briefe an Bosc, aus Ste Pélagie, sprach sie dieses Vorgefühl bestimmt aus.

Über ein halbes Jahrhundert ist vergangen, seitdem jenes große Weib gestorben. Ihr Leib ruht nicht bei denen, die sie geliebt und die gleich ihr dahingegangen waren? Er wurde in die Gräben von Clamart geworfen. Ihr Geist aber, dieser hohe Geist der Freiheit und des Mutes, er wird nimmer sterben, und solange es eine Geschichte gibt, wird Manon Roland leben.

Die Jugend aber möge sich bilden nach ihr, wie sie streben für die Freiheit und, wenn es sein muss, für sie sterben, wie Manon gestorben. Sie mögen die Worte beherzigen, welche die Bürgerin Roland vor 58 Jahren im Kerker niedergeschrieben: »Die Freiheit! Sie ist für die stolzen Seelen, welche den Tod verachten und ihm ins Auge sehen können. Sie ist für ein weises Volk, welches die Menschheit liebt, Gerechtigkeit übt, seine Schmeichler verachtet, seine wahren Freunde erkennt und der Wahrheit treu ist. Solange ihr nicht ein solches Volk seid, meine Mitbürger, werdet, ihr vergeblich von Freiheit sprechen. Ihr werdet nur Zügellosigkeit haben, als deren Opfer ihr einer nach dem anderen fallen werdet. Ihr werdet Brot verlangen, man wird euch Leichen geben, und ihr werdet damit enden, die geknechtet zu werden!«

# EINE BADISCHE JUNGFRAU

> Und werden wir zerhauen,
> Wir Männer im vordersten Stand,
> Dann schaut auf Euch ihr Frauen,
> Hoffend das Vaterland.
> Gedenkt der alten Zeiten,
> wie hoch das Weib noch galt,
> Als Ihr zu allen Streiten
> Dem Heer vorauf gewallt!
> G. *Kinkel*[60]

In dem kleinen Badenerlande, welches von kaum andert-
halb Millionen Menschen bewohnt ist, erhob sich dreimal das Volk, seine Freiheit zu erstreben! Dreimal wurde
es bewältigt von der Übermacht, und jetzt liegt die teure
Heimat schwerer gefesselt denn jemals zuvor zu Boden, und
ihre Kinder schreien Rache gegen die herrschsüchtigen und
habsüchtigen Unterdrücker.

Alle Herzen waren in den Märztagen 1848 und in den
Maitagen 1849 frisch angeweht von dem beseeligenden

60 Gottfried Kinkel, Theologe, Schriftsteller und demokratisch gesinnter
Politiker.

Hauch der Freiheit. Männer und Frauen waren gleich begeistert für die heilige Sache des Volkes und wetteiferten an Hingebung und Aufopferungsfähigkeit.

Die Frauen in Baden waren durchdrungen von den Gedanken, dass auch auf ihnen heilige Pflichten dem Vaterland gegenüber ruhten, dass auch sie nicht müßige Zuschauerinnen bleiben durften, während die andere Hälfte des Volkes rang und kämpfte, um das Joch der Sklaverei zu brechen.

In Baden verstand das weibliche Geschlecht seine hohe Aufgabe, und es feuerten die Mütter, ihre Söhne und Gatten durch Wort und Tat an, dem allgemeinen Schlachten-Rufe zu folgen, der sie fortführte von Haus und Hof und von den Lieben, die sie vielleicht nie wieder sehen sollten! Bräute drängten die Geliebten, welche unschlüssig waren, in den Kampf zu ziehen, das gute Recht sich zu holen, und ihre glühende Begeisterung blieb nicht ohne Folgen für die Sache des Volkes.

Während des Kampfes machten sich die Frauen Badens besonders verdient um die Pflege der Verwundeten, und als der preußische Prinz siegreich einzog in das schöne Land und die Freiheitskämpfer dasselbe verlassen hatten, da wagten es, namentlich in Heidelberg, die Frauen noch manchen Verwundeten der Gefangenschaft zu entziehen, indem sie Mittel und Wege fanden, ihn aus dem Hospital und über die Grenzen des unglücklichen Landes zu bringen, das nach dem Einziehen der Feinde ein Feld der Verwüstung werden sollte!

Von den vielen wackeren Frauen im Badenerlande, welche die Pflichten ihrem Vaterland gegenüber treu erfüllten, welche nicht zurückbebten vor Gefahren, sondern dem Tod und dem Gefängnis mit gleicher Festigkeit und Ruhe entgegensahen, will ich hier eine hervorheben, welche uns besonders teuer sein muss, weil sie ihr Streben mit dem Tod besiegelte: *Therese Bomo.*

Sie war die Tochter eines Handwerkers und lebte still und zurückzogen mit ihrer alten Mutter in Heidelberg. Sie war eine begeisterte Republikanerin. In dem dortigen Frauenverein, welcher in der trüben Zeit, die auf die erste und zweite Schilderhebung in Baden folgte, den Gefangenen zu Bruchsal sich in hohem Grad hilfreich erwies, wirkte auch sie mit Eifer und Liebe und versah sie die Stelle einer Schriftführerin.

Bei der dritten Schilderhebung munterte sie die Freiheitskämpfer zur Tapferkeit und Ausdauer auf und scheute es nicht, den Vorurteilen beschränkter Köpfe Trotz zu bieten, indem sie sich unter die Reihen der Krieger mischte und sie für die heilige Sache der Freiheit begeisterte. Doch das badische Heer musste sich vor der Übermacht zurückziehen. Das Land wurde von den Preußen besetzt und Monate vergingen, bevor badische Soldaten wieder unter den Waffen standen.

Am Pfingstmontag 1850 spielte die neu organisierte Musik von zwei badischen Regimentern auf der Schlossruine zu Heidelberg. Die Männer, welche ein Jahr zuvor dem Freiheitsheer vorangezogen waren, erschienen zum ersten Male wieder vor dem Volk. Aber sie waren nicht mehr freie Männer.

Die preußischen Sieger standen mit der Zuchtrute hinter ihnen und beobachteten jede ihrer Bewegungen. Alt und Jung, Männer, Frauen und Kinder versammelten sich um sie und lauschten den Klängen, versenkt in der Erinnerung an das vorige Jahr. Sie gaben durch lauten Jubel, durch Tränen, welche in manchen Augen glänzten, die Freude zu erkennen, die kriegerischen Töne wieder zu hören, welche sie zur Zeit des Freiheitskampfes begeistert hatten. Auf den Tellern, die umher gereicht wurden, lagen in kurzer Zeit über 600 Gulden. Die preußischen Sieger konnten die Beweise der Teilnahme und Liebe, welche das Volk den badischen Soldaten erwies, nicht ohne Groll ansehen. Sie verboten bei Androhung von Strafen alle Beifallsbezeugungen für den nächsten Tag, da die Musik wieder spielen sollte.

Wer aber konnte den bewegten Gefühlen eines Volkes Schranken anlegen? Auch die preußischen Schergen vermochten es nicht.

Da es dem Volk nicht gestattet war, in Worten sich vernehmbar zu machen, glaubte es, dieses doch in einer anderen Sprache tun zu dürfen, und die Männer und die Frauen überschütteten die Musiker mit Blumen und Blüten, ohne dass ein Wort über ihre Lippen schlich. Alles schwieg und nur das Niederfallen der Blumen war hörbar.

Noch waren nicht alle Blumen gestreut, als bereits eine große Anzahl Männer und Frauen in das Gefängnis geführt wurden. Therese Bomo, welche den Feind längst missliebig war, befand sich unter diesen und wurde mit besonderer Strenge in eines der schlechtesten Gefängnisse abgeführt!

Allen politischen Gefangenen kamen ihre Betten, wenn Sie solche wünschten, zu, und ward statt der schlechten Gefängniskost bessere Nahrung erlaubt. Therese Bomo, der zarten Jungfrau, war alles entzogen, was den Männern gestattet war. Sie wurde zu vier Wochen Gefängnisstrafe verurteilt. Sie beklagte sich nicht darüber und blieb ihrem Charakter treu. Aber die Hülle war zu schwach für einen Geist wie den Ihrigen.

Der Verlust der Freiheit, welcher schwer auf dem Lande lastete, hatte das Gemüt Thereses aufs Tiefste erschüttert. Die Leiden, welche unter ihren Augen so viele wackere Freiheitskämpfer trugen, hatte sie gleich ihren eigenen empfunden. Noch tiefer als jemals zuvor fühlte die Jungfrau das Joch der Tyrannei, da selbst der stumme Ausdruck des Gefühls, das Streuen von Blumen, ihr zum Verbrechen gemacht wurde. Bitterer als früher empfand sie die Willkür und die Rohheit der Schergen der Gewalt, welche ihr versagten, was keinem »Verbrecher« versagt werden konnte.

Schon nach vierzehn Tagen erkrankte sie. Der Gerichtsarzt erklärte, die Jungfrau werde sterben, wenn sie nicht aus dem Gefängnis entlassen und der Pflege ihrer Mutter überwiesen würde. Er bestürmte die Beamten (Stadtdirektor Lanz) förmlich, doch ohne Erfolg. Der hartherzige Reaktionär erklärte, »das revolutionäre Lumpengesindel müsse aus der Welt geschafft werden«. Nur zwei Tage wird ihr Leiden, nach welchem ihr Auge im Tod brach.

So endete *Therese Bomo*, eine der begeistertsten Patriotinnen, in der Blüte ihres jugendlichen Lebens im Kerker. Gemordet von denen, welche ein Jahr vorher der Freiheit im Badener Land den Todesstoß gegeben!!

Von dem gebeugten Mut und den Geist der Jungfrau geben die folgenden Strophen, welche sie im Vorgefühl ihres nahen Todes, wenige Tage ehe sie starb, dichtete und einem Leidensgenossen im Kerker zusteckte, das entsprechende Zeugnis.

*Erinnerung an den 15. Juni 1849*
(Jahrestag des Gefechts bei Ladenburg,
gegen die Mecklenburger und Hessen)


Heute vor dreihundert fünf und sechzig Tagen,
Da zeigten Badens Söhne, was sie sind.
Fünf Mal ward der Feind zurückgeschlagen,
Sieg! ruft der Mann, das Weib, Sieg! ruft das Kind.


Doch acht Tage später war das Glück vorüber,
Wir hatten viel verloren, waren nicht mehr frei;
Von jetzt war jeden Tag der Himmel trüber,
Wir sanken immer tiefer in Schmach und Sklaverei.


In Schmach! O nein! Wir mussten weichen der Gewalt,
Die Schmach, die trifft nur den, der sie bereitet;
Wir stehen groß – wir dulden gern, ob Jung, ob Alt,
Sie kehrt ja wieder, die Sonne, die am Abend scheidet!


O glaubt, es muss auch uns einst wiederkehren
Der heil'gen Freiheit süßes, schönes Glück.
Lasst die Tyrannen ihre Schandtat mehren,
Nur schneller kommt die Freiheit uns zurück!


Drum Mut gefasst! Mein teures, armes Baden,
So schwer gedrücket von des Schicksals Hand;
Vom Fürsten selbst verkaufet und verraten –
Das Volk gebracht an tiefen Abgrunds Rand.

Der Tag wird kommen, da der Jammer endet,
Die Stund wird schlagen, welche Fesseln bricht:
Die Fesseln, die so schwer gedrückt, doch nicht geschändet.
Drum hoffe, Vaterland, verzage nicht!!

Lebt wohl« ihr Brüder, die im Kampf gefallen,
Ihr musstet nicht des Vaterlandes Schmach noch sehen;
Ihr Geister! Hört die Lärmtrompet' Ihr schallen
Umschwebt die Brüder dann mit Freiheitswehen!

*Therese Bomo*
*(Heidelberg, im Gefängnis den 15. Juni 1850)*

## DIE FRAUEN

In früheren Zeiten beschäftigte sich ein Gelehrter mit der Frage, ob die Frauen Menschen seien. Jetzt lächelt man wohl über diesen Toren; allein darum werden doch die Folgesätze der ewigen Wahrheit, dass Frauen Menschen sind, im praktischen Leben nicht anerkannt. Der ungebildetste und unwissendste Mann kann Geschworener, Männer von sehr schwacher Bildung können Beamte sein, die gebildetste Frau kann es nicht. Zur Beglaubigung von Verträgen und letztwilligen Verfügungen können die Frauen nicht einmal als Zeugen zugezogen werden. Raufbolde und alle Arten von Ruhestörer haben Stimmrecht bei den dem Volke zustehenden Wahlen; nicht so die Frau. Die hochherzige Patriotin steht hinter den elendesten Menschen zurück, welcher männlichen Geschlechts geboren ist, mag er auch in der Tat noch so unmännlich sein. Der Mann greift zum Schwert und tritt im blutigen Kampf dem Bedrücker entgegen, welcher ihm seine politischen Rechte versagt. Der Frau aber werden nicht bloß diese, ihr werden auch sehr viele bürgerliche Rechte vorenthalten. Sie hat keine Stimme in den Versammlungen der Kirche, und wo das Gesetz ihr nicht feindlich entgegentritt, beschränkt die öffentliche Meinung gar sehr ihre Freiheit.

In den Zeiten der Römer und Griechen besaß der größere Teil der Männer keine politischen Rechte. Die Frauen konnten sich mit den Sklaven trösten, welche noch weniger Rechte als sie hatten. Die Sklaven sind in dem zivilisierten Europa und in dem größten Teil Amerikas frei geworden; doch die Frauen besitzen ihre Menschenrechte noch nicht. In dem finsteren Mittelalter bewahrten sich nur einzelne Stände die Freiheit. Die große Masse der Männer und Frauen waren in Leibeigenschaft versunken. Die Leibeigenschaft fiel, doch die Frauen gewannen ihre Freiheit nicht. In neuester Zeit dehnten die Männer mehr und mehr ihre politische Freiheit aus. Namentlich brachen die Amerikaner das Joch fürstlicher Tyrannei; aber die Frauen erhielten keinen Anteil an den neu errungenen Rechten. Sie blieben nach wie vor von allen politischen und vielen bürgerlichen Rechten ausgeschlossen. Diese Kränkung ihrer Rechte hemmt die Entwicklung des weiblichen und auch des männlichen Geschlechts. Die Männer leiden darunter, weil der besänftigende, mildernde und erhebende Einfluss des weiblichen Geschlechts sich in dem politischen und in einem großen Teil des bürgerlichen Lebens nicht geltend machen kann. Nimmer hätten rohe Raufbolde so großen Einfluss auf die Wahlen gewonnen, wenn die Frauen berufen worden wären, daran teilzunehmen. Im bürgerlichen Leben hätten Eigennutz und Habsucht nicht so nackt ihre Banner entfalten können, wenn die Frauen sich mehr dabei beteiligt hätten. Wir verlangen nicht, dass Frauen Präsidentinnen, Richterinnen oder sonstige Beamte werden sollen. Allein wir begehren, dass diejenigen Frauen, welche für fähig gehalten werden, irgendeine Stelle im Staate würdig auszufüllen, durch ihr Geschlecht nicht ausgeschlossen werden. In einem monarchischen Staat kann die Frau Königin sein, und in einer Republik kann sie auch nicht die niedrigste Beamtenstelle erreichen.

Nimmermehr möge auf eine Frau ohne die entsprechenden Fähigkeiten irgendeine Wahl fallen. Doch ist es vernünftig, auch die geistreichste, auch die charakterfesteste Frau von jedem Anteil am Staatsleben auszuschließen – ihres Geschlechts wegen?

Wir geben zu, dass in unseren Tagen die Frauen durchschnittlich weniger politische Kenntnisse besitzen als die Männer. Allein daraus folgt nur, dass sie nicht so zahlreich als die Männer berufen werden können, wichtige Stellen im Staat auszufüllen. Gewiss eignet sich die Frau im Allgemeinen nicht dazu, in den Krieg zu ziehen mit der Muskete auf dem Rücken oder dem Schwert in der Hand. Doch hieraus folgt nur, dass man sie von der Pflicht des Kriegsdienstes freisprechen soll. Sie wird dafür bereitwillig andere vaterländische Pflichten übernehmen. Der Frau fehlt es jetzt aus dem Grunde hauptsächlich an Kenntnissen des politischen und bürgerlichen Lebens, weil sie keinen Sporn besitzt, sich dieselben zu erwerben. Die strebende Frau will ein gleichberechtigtes Wesen sein in allen Gebieten des bewegten, menschlichen Lebens: auf dem Felde der Wissenschaft, der Kunst, der Kirche und des Staates. Wenn einst der anderen Hälfte des Menschengeschlechts diese so bedeutungsvollen Felder des Strebens werden eröffnet sein, dann erst werden sie einen großartigen Aufschwung nehmen.

Alle aufgeklärten Männer, welche an den Freiheitskämpfen Europas Anteil nahmen, sind zu der Überzeugung gelangt, dass ohne die kräftige Mitwirkung der Frauen auf politischem, sozialem und kirchlichem Gebiet, das heißt ohne deren vollständige Gleichberechtigung mit den Männern, ein Land nie und nimmer wahrhaft frei genannt werden könne. Doch gibt es auch eine nicht unbedeutende Anzahl solcher, welche teils aus Unkenntnis der Sache, teils aber auch aus Herrschsucht und Eitelkeit die Frauen stets in Unterwürfigkeit und Knechtschaft halten möchten. Um des Sieges gewiss zu werden, müssen wir suchen, die edlen und guten Herzen so vieler wackeren Männer, die bisher über diese Frage nie nachdachten und aus Gewohnheit den alten Schlendrian fortlebten, für uns zu gewinnen. Dieses tun wir, indem wir ihnen auseinandersetzen, was wir verlangen und was wir zu leisten bereit sind. »*Gleiche Rechte und gleiche Pflichten*« dies sei unser Wahlspruch!

Wir wollen, dass die Jungfrau sich einen selbständigen Lebensberuf schaffe. Und dann frei mit dem Jüngling sich verbinde, dem sie ihr Herz gegeben, zu welchem die edelsten Gefühle ihrer Seele sie hinziehen. Kein anderes Motiv soll sie zu den Geliebten führen als die reinste Liebe, gegründet auf gegenseitige Hochachtung und auf das Bewusstsein, auf gleicher geistiger Höhe zu stehen und nach einem Ziel zu streben. Sind die beiden Ehehälften nicht gleich gebildet, streben sie vereinzelt, die eine in dieser, die andere in jener Richtung, so kann nimmermehr ein Paar sich auf Erden das Paradies erbauen. Dann wird keine Harmonie herrschen am heimischen Herd, sondern nur Misstöne werden erklingen, welche der Mann mit sich nimmt in das öffentliche Leben und über welche die Frau zu Hause Tränen vergießt. Die höhere Geistesbildung und Gleichberechtigung der Frauen sind daher unumgänglich nötig zum Glück beider Teile.

Kennen wir doch die unzähligen Beispiele unglücklicher Ehen! Forschen wir tiefer nach, so werden wir deren Grundursache in der falschen Stellung finden, welche die Frau dem Mann gegenüber einnimmt. Indem wir die Gleichstellung der Frauen mit den Männern begehren, verlangen wir nur, dass ein ewiges Menschenrecht, welches Jahrtausende hindurch mit Füßen getreten wurde, endlich zur Wahrheit werde. Sind die Frauen einmal wahrhaft frei und fühlen sie sich als unabhängige Wesen, so kann ihre höhere Bildung nicht ausbleiben. Sie werden dann, mehr als jetzt, streben nach einer schulgerechten Bildung. Ihre Erziehung wird gründlicher und harmonischer werden; das Bewusstsein, sie könnten einst gleich den Männern für das Vaterland wirken und würden von diesen als Gleiche betrachtet, wird ihnen neue Kraft einhauchen. Mit Stolz und Verachtung wenden sich die Frauen, die sich ihres inneren Wertes, der eigene Kraft bewusst sind, von einer Verehrung und einer Galanterie ab, welche ihnen manche Männer als Ersatz für ihre untergeordnete Stellung im Staat angedeihen lassen. Nicht als Götzen wollen wir verehrt werden, nicht Weihrauch und Dienstpflicht verlangen wir. Nein! Wir wollen als Gleiche an der Seite des Mannes stehen und seine Achtung und Liebe genießen.

Vergleichen wir die Frauen, welche unter dem Einfluss weniger beschränkender Gesetze zu politischem Einfluss gelangten, mit den Männern ihrer Tage! War etwa die Königin Elisabeth von England den Königen Philipp II. von Spanien und Karl IX. von Frankreich, oder ihren Ministern Shrewsbury und Burleigh nicht gleich an Geisteskraft?

*Maria Theresia* war unter den Habsburgern eine am wenigsten widrige Erscheinung. *Katharina II.* war besser als ihre Nachfolger und die meisten ihrer Vorgänger auf dem russischen Thron. Wenn wir *Heloise* und *Abälard*[61] vergleichen, so gebührt dem Weib der Vorzug vor dem Mann. Ihre Liebe bestand die schwersten Proben des Schicksals, doch ihr Geist blieb frei und ihr Herz frisch selbst in den Banden des Klosterlebens. Eine Erhabenheit des Charakters und einer Reinheit des Strebens, wie Heloise sie in dem finsteren Mittelalter bekundete, hat kein Mann ihrer Zeit besessen, dennoch hatte diese große Seele nicht die gleichen Rechte mit dem herzlosesten und feigsten Menschen männlichen Geschlechts!

Stand *Johanna von Orleans* nicht so hoch als jene Männer, welche die edle Jungfrau als Hexe verbrennen ließen? Oder wäre die Bürgerin *Roland*, welche vor dem Nationalkonvent ihre Gegner beschämte, welche mit unbeschreiblichem Heldenmut das Schafott betrat, weniger fähig gewesen, politische Rechte auszuüben als die Freunde ihres Gatten, den sie ihren Geist einhauchte? Oder als ihr Todesgenosse, dessen Mut sie noch auf ihrem letzten Gang aufrichtete?

Hatten eine Schriftstellerin wie *Stael*, eine *Sybold*, die ausgezeichnete und weltberühmte Geburtshelferin, weniger Anspruch auf gleiche Berechtigung als so viele eingebildete Professoren, deren Kopf und Herz gleich leer ist?

Es wäre unmöglich, die Beispiele alle hier anzuführen, welche mir vor der Seele schweben; doch kann ich nicht unterlassen, einige Charaktere der neuesten Zeiten noch hervorzuheben. Ich erinnere an *Georges Sand*, die vielfach

61  Heloise war Äbtissin und Ehefrau des Philosophen und Theologen
     Peter Abaelard, der von Papst Innozenz II. im Jahre 1141 als Ketzer
     verurteilt wurde.

Verleumdete und Geschmähte, die ausdauernde Bekämp-
ferin der Missbräuche unserer Zeit, welcher das Genie,
womit die Vorsehung sie beschenkte, zur Dornenkrone
geworden; an jene jugendliche Helden von Venedig, die
begeisterte Anhängerin Mazzinis[62], welche im letzten italie-
nischen Freiheitskrieg einem Bataillon Jäger die Fahne voran-
trug und bei Erstürmung einer Schanze ins Herz getroffen
ward. Sie war klarer in ihrem Innern über die Verhältnisse
ihres Vaterlandes als die Jäger, denen sie voran zog, sie wusste,
dass den Mut zu heben, die Schar zu begeistern ihre Aufgabe
sei und starb des Heldentods bei Erfüllung ihrer Pflicht. Wer
gedenkt nicht der tapferen Gattin Garibaldis, der hochherzigen Amerikanerin Leonta? Sollte sie, welche den kühnsten
Männern als Stern voranleuchtete, weniger verdient haben,
politische Rechte auszuüben als irgendein Wirtshauskanne-
giesser, der sich großer Taten rühmt, die er niemals begangen?

Die Frauen Italiens, Ungarns und Deutschlands nahmen
den innigsten Anteil an den Bewegungen ihres Vaterlandes.
Allein hinter dem herrschenden System ihrer Unfreiheit war
es ihnen unmöglich, eine hervorragende Stellung im politischen Leben einzunehmen.

Schwer lastet auf den Frauen der Druck, welchen der All-
tagsmann täglich über sie verhängt, indem er sie von allem
geistigen Streben ausschließen möchte und sie beständig nur
in die Küche oder an die Handarbeiten, die sogenannten
»weiblichen Arbeiten« verweist.

Jean Pauls zartes Gemüt schmerzte die unwürdige Stellung der Frauen, denn er hatte diese längst erkannt und treff-

62 Guiseppe Mazzini, italienischer Revolutionär, Förderer und Wegbe-
   gleiter Guiseppe Garibaldis.

lich geschildert, indem er von den »verkochten vernähten« und »verwaschenen Frauen« spricht! Sollten wir in dieser Stellung verharren, indem das ganze Menschengeschlecht Riesenschritte vorwärts macht?

Die Pflicht der Frau besteht nicht allein darin, dem Gatten für seine häuslichen Bedürfnisse Sorge zu tragen und die Kinder gut zu erziehen, denn diese Pflichten füllen nicht die Seele der Frau aus. Einen Unterschied zwischen der Haushälterin und der freien Gattin des freien Mannes vermag ich nur da zu finden, wo das Weib als wahre Hälfte ihren vollen Anteil nimmt an allem, was die Seele des Gatten bewegt: an seinen Gedanken, seinen Plänen, tiefsten feinen Empfindungen und seinen Taten. Wie arm ist das Leben, welches nicht ruht auf dem festen Boden des Vaterlands! Die edlen Frauen der Griechen und Römer, eine Cornelia, eine Lucretia, die Mutter des Corolian, sie verstanden es wohl, die Pflichten der Familie zu vereinigen mit denen des Vaterlandes.

Die politische Rechtlosigkeit der Frau hemmt deren Entwicklungsgang, und ohne Selbständigkeit gibt es zwar Gehorsam, allein nimmermehr Harmonie. Die große Aufgabe unserer Zeit, wie Sie mir im Ideal vorschwebt, ist es aber, Harmonie einzuführen in die kleinen und in die großen Kreise des Lebens. Der Schlüssel zu dieser Harmonie ist die Selbständigkeit des Menschen, des Weibes wie des Mannes. Selbständigkeit setzt aber Gleichberechtigung voraus. Solange die Männer nicht nach einer harmonischen Bildung für alle streben, solange sie nicht von einem höheren Gesichtspunkt aus das Volk aufklären und belehren, kann die Frau nimmer hoffen, ihr ewiges Menschenrecht zu erlangen.

Es müsste denn sein im Sturm der Revolution, wenn diejenigen Männer in Italien, Ungarn und Deutschland zur Geltung kommen werden, welche längst erkannt haben, dass die Frauen in ihrem unwürdigen Zustand nicht verbleiben dürfen. So namentlich Mazzini, der noch jüngst in London sagte, dass es sich nur frage: »ob die Frauen Menschen seien? Seien sie Menschen, so müssten ihnen auch, gleich wie den Männern, Rechte gegeben werden.«

Auch andere tüchtige Führer des Volks geben den Frauen die Bürgschaft, dass sie ihr Menschenrecht seiner Zeit, wenn die roten Fahnen wieder wehen, sicher erhalten.

Die Entscheidung wird aber die Jugend bringen, die männliche sowohl als die weibliche, welche, vom Geiste der Freiheit beseelt, alle Gebiete des menschlichen Lebens umfasst und dem Weibe allein die Fesseln nicht ungelöst lassen wird. Die Jugend gibt uns die feste Zuversicht, dass, wenn auch Jahre noch hingehen, die Sonne der Freiheit aufgeben werde über alle Menschen, über Männer und Frauen.

Die jungen Herzen werden den Geist der »Freiheit, der Gleichberechtigung aller« mit einer ganz anderen Kraft geltend machen als die Katheterprofessoren, die mit bestaubter Perücke in alten Bänden blättern!

Die *gleiche Berechtigung* und *die gleiche Bildung* der Frau sind namentlich für die Erziehung der Kinder von der größten Wichtigkeit. Das Kind soll auch geistig, nicht bloß körperlich gebildet werden. Die Mutter ohne höhere Geistesbildung kann den Kindern nichts mitteilen als Liebe. Aber wenn der Geist gebricht, was ist ohne ihn die Liebe?

Ganz andere Söhne und Töchter wird die Frau, die frei von allem Pfaffenglauben ist, der Welt erziehen. Wenn Sie das Bewusstsein hat, gleichberechtigt ihrem Gatten zur Seite zu stehen, gleichen Anteil zu nehmen an den Kämpfen und an den Leiden ihres Vaterlandes. Eine solche Mutter kann ihren Kindern mit dem Beispiel vorangehen, und dieses wirkt mehr als das Wort.

Unser Ziel ist die *Gleichheit der Rechte*. Wir müssen und wir werden es erreichen. Schon sprossen allerorten die Keime künftiger Gleichheit. Ein warmer Regen kann sie hervortreiben.

## DIE STELLUNG DER FRAUEN IM LEBEN

Die Hälfte der Menschen ist weiblichen Geschlechts. Bevor die Frauen ihre richtige Stellung in der Gesellschaft gefunden haben, kann die Menschheit sich unmöglich rein und frisch entwickeln. Jedes Missverhältnis, welches das weibliche Geschlecht betrifft, berührt die Menschheit in ihren tiefsten Tiefen.

Zu allen Zeiten und bei allen Völkern nahmen die Frauen diejenige Stellung ein, welche ihnen die herrschende Meinung anwies. Griechen und Römer waren zwar in ihren guten Zeiten Republikaner, allein ihre Anschauungsweise beruhte wesentlich auf dem Vorrecht: auf dem Vorrecht des Freien gegenüber dem Sklaven, des Vollbürgers gegenüber der rechtlosen Menge, des Mitbürgers gegenüber den Barbaren. Das Christentum hat zuerst den Grundsatz allgemeiner Menschenliebe und Brüderlichkeit aufgestellt, welcher seit der französischen Revolution in der Formel: »Freiheit, Gleichheit, Brüderlichkeit« gefasst wird. In neuester Zeit wird viel von der Solidarität der Völker gesprochen. Die Schranken, welche früher die Menschen trennten, sollen schwinden. Alle sollen für einen und einer für alle einstehen – im Kampf der Freiheit.

Wie passen diese Ideen der Neuzeit zu den Zuständen, in deren Mitte wir uns bewegen, und namentlich zu der Stellung, welche die Frau im Leben einnimmt?

Die Völker sollen die alten Vorurteile, welche sie früher trennten, fallen lassen und sich gegenseitig als gleichberechtigte Glieder der großen Familie betrachten, welche die Erde bewohnt. Die Stufen sollen entfernt werden, auf welchen früher die verschiedenen Stände feindlich über- und untereinander standen. Gleiche Rechte und gleiche Pflichten ist der Wahlspruch unserer Zeit.

Der Deutsche reicht freudig dem Italiener, dem Ungarn, dem Franzosen und selbst jenseits des Ozeans dem Amerikaner die Hand zum Bruderbund. Doch steht der deutsche Mann der deutschen Frau gewiss näher als dem Amerikaner oder dem Engländer. Sollen die Menschen alle gleichberechtigt sein, selbst wenn sie durch Sprache und Abstammung, durch Geschichte und Sitten weit von uns verschieden sind, und die Frauen, welche Fleisch von unserem Fleisch und Geist von unserem Geist sind, sollen nicht gleichberechtigt uns zur Seite stehen? Ist das vernünftig, ist das folgerecht? Oder sind die Frauen etwa keine Menschen?

Wenn wir von unseren ewigen und unveräußerlichen Menschenrechten sprechen, so ist doch wohl nicht allein von den Rechten der Männer, sondern auch von denjenigen der Frauen die Rede. Wenn wir die Gleichberechtigung in Anspruch nehmen, so bezieht sich diese doch nicht bloß auf die eine, sondern auf beide Hälften, auf das Ganze des Menschengeschlechts. Die Zukunft der Menschheit ist abhängig von dem Sieg der nach Freiheit, Gleichheit und Brüderlichkeit ringenden Völker, im Kampf mit den Fürsten, deren

Herrschaft auf der Knechtschaft, der Ungleichheit und dem Elend der Mehrzahl ruht.

Die Aufgabe derer, welche auf der Seite des Grundsatzes der Freiheit Gleichheit und Brüderlichkeit stehen, ist vor allen Dingen, diejenige Überzeugung in den Gemütern hervorzurufen, welche ihnen den Sieg bereiten soll. Wie können aber die Frauen, wie kann die Hälfte des Menschengeschlechts von den Ideen der Freiheit, Gleichheit und Brüderlichkeit durchdrungen werden, wenn ihnen selbst die Freiheit und die Gleichheit versagt wird, wenn ihnen die Männer nicht Brüder, sondern *Herren* sein wollen? Wir glauben, einen großen Gewinn zu machen, wenn wir ein Volk auf die Seite der Freiheitskämpfer herüberziehen. Was aber ist ein Volk im Verhältnis zu der Hälfte des Menschengeschlechts?

Wir glauben, einen großen Fortschritt gemacht zu haben, wenn wir von dem Standpunkt der Nationalität uns emporschwingen auf denjenigen der Gesamtbürgschaft der Völker. Ist aber eine Gesamtbürgschaft möglich, wenn die eine Hälfte des Menschengeschlechts, wenn die Frauen daran nicht teilnehmen?

Man wende nicht ein, die Frauen werden aus Liebe zu ihren Männern Anteil an dem Kampf nehmen. Mit welchem Recht können die Männer auf die Liebe ihrer Frauen bauen, wenn sie ihnen selbst Unrecht tun? Je mehr Liebe die Frauen ihren Männern widmen, desto mehr sind diese aufgefordert, gerecht gegen ihre Frauen zu sein. Die Frau ist jetzt kein *selbständiges* Mitglied der Staatsgesellschaft. Sie steht mit dieser nur durch ihren Mann in Verbindung. Sie wird nicht als gleichberechtigt, sondern als rechtlos im Staate betrachtet. Das hatte Sinn und Verstand, solange der Grundsatz des

Vorrechtes galt, solange auf diesem der ganze Staats-Organismus beruhte. Die Frau als unselbständiges, untergeordnetes Wesen in *unseren Tagen* noch betrachten, heißt, das Gespenst veralteter Sklaverei oder mittelalterlicher Leibeigenschaft aus dem Grabe heraufbeschwören.

Die Gesellschaft ist in zwei Lager gespalten, welche getrennt sind durch furchtbare von den Fürsten begangene Schandtaten. Auf der einen Seite steht die alte Gesellschaft, deren Streben ist, die Völker zum Nutzen einer kleinen Minderheit zu knechten, zu verdummen und auszusaugen. Auf der anderen Seite steht die junge Welt, welche nach Freiheit, Gleichheit und Brüderlichkeit ringt. Mögen die Tyrannen immerhin der einen Hälfte des Menschengeschlechts, den Frauen, ihren gleichen Anteil an den Rechten und mit diesem an den Freuden, Genüsse und Entwicklungen des Lebens versagen. Versagen sie doch auch das gleiche Recht der großen Masse der Männer. Mit welchen Gründen kann aber der Mann, welcher Freiheit, Gleichheit und Brüderlichkeit auf sein Banner gesetzt hat, die Frau unfreier machen, als der unfreieste Untertan irgendeines Fürsten ist? Mit welchem Recht kann er ihr zurufen: »Du stehst mit mir nicht auf gleicher Stufe, tritt ab von der Bühne des Staates.« Mit welchem Recht kann er der Frau sagen: »Ich will nicht als Bruder Dir zur Seite stehen, sondern als Gebieter über Dir stehen«?

Solange die Männer sich nicht selbst klar sind über die Bedeutung und den Umfang des großen Freiheitskampfes, der uns bevorsteht, solange sie es nicht verstehen, alle Kräfte sich zu verbinden, die sie darin fördern können, solange sie die Grundsätze der Neu-Zeit nicht in allen ihren Folgerungen anerkennen, müssen Sie darauf verzichten, ihre Gegner zu besiegen.

Die Bedrücker der Völker sind schlauer und folgerichtiger als gar viele, die sich Freiheitskämpfer nennen. Die Tyrannen wissen wohl, dass ihre Grundsätze nicht bestehen können mit dem gleichen Recht der Frauen. Wie die indischen Priester so führen auch die im Sold der Fürsten stehenden christlichen Pfaffen die Unterordnung der Frauen unter die Obergewalt des Mannes auf göttliche Anordnung, auf Evas Apfel und auf die Schlange im Paradies zurück. Leiten doch die Fürsten auch ihr Herrscherrecht über die Völker von Gottes Gnaden ab. Warum sollen sie die wichtigste aller Ungleichheiten, die umfangreichste aller Rechtlosigkeit nicht auf dieselben Gründe stützen?

Der große Kampf der Neuzeit lässt sich zurückführen auf die Frage: gleiches Recht oder Vorrecht? Denn weder Freiheit noch Brüderlichkeit sind vereinbar mit der Herrschaft des Vorrechts. Die Fürsten mit ihren geistlichen und weltlichen Schergen sind folgerichtig, klug und fein, indem sie der Frau gleiche Rechte versagen. Die Männer aber, welche »Freiheit, Gleichheit und Brüderlichkeit« schreien, alle drei aber den Frauen versagen, sind entweder zu flach, einzusehen, dass ihre Worte ihren Taten widersprechen, oder zu tief in den Vorurteilen der alten Gesellschaft befangen, um sich von diesen lossagen zu können.

Nimmermehr wird der Mann eine richtige Stellung im Leben gewinnen, solange die Frau sie nicht gewonnen hat. Die Frau übt einen zu großen Einfluss auf den Mann, als dass dieser ungestrafte ihr Unrecht tun könnte. Der Mann mag die Frau wohl ausschließen vom allgemeinen Stimmrecht, allein die Folge wird davon sein, dass die für politische Dinge gleichgültige Frau dem Mann in seinen politischen Kämpfen und Bestrebungen kalt und fühllos zur Seite steht, während die für das Vaterland und die Menschheit strebende Frau auf Umwegen zu seiner Qual und zu seinem Schaden das Ziel erreichen wird, wozu ihr der gerade Weg versperrt ist.

Manche haben sich gewundert, weshalb die Völker in den Jahren 1848 und 1849 den Sieg nicht erlangten. Die Ursache ihrer Niederlage war tiefer als der Verrat Napoleons, Görgeys und der Fürsten Deutschlands. Die Ursache war die Unklarheit der Begriffe in den wichtigsten Beziehungen des Lebens, die Unreinheit der Bestrebungen der meisten sogenannten Freiheitskämpfer und der Mangel an ausdauerndem Mut.

Gar viele von jenen, welche sich Freiheitskämpfer nannten, waren selbst Tyrannen in ihrer Familie, in ihrer Gemeinde, in ihrem Geschäft. Die Neuzeit verlangt Klarheit der Begriffe, Reinheit der Bestrebungen und ausdauernden Mut. An die Stelle der niederen Leidenschaften, welche jetzt herrschen, müssen die höheren sittlichen Gefühle treten. Wir müssen vor allen Dingen selbst gerecht sein, selbst unbegründete Ansprüche aufgeben, bevor wir dem Unrecht unserer Gegner ein Ende machen können.

Die Stellung der Frauen im Leben ist nicht eine untergeordnete, nicht eine bedeutungslose Frage für den uns bevorstehenden Freiheitskampf. Von ihrer Lösung werden im Gegenteil alle übrigen Fragen der Neuzeit abhängen. Wir können nimmermehr auf den Sieg der Freiheit, der Gleichheit und der Brüderlichkeit hoffen, solange der einen Hälfte des Menschengeschlechts Freiheit, Gleichheit und Brüderlichkeit versagt wird.

## DER HINKENDE TEUFEL ZU NEW YORK

Da der Ruhm und die Macht Spaniens im Verfall gerieten, während die jugendliche Republik an Bevölkerung und Reichtum zunahm, so fasste der hinkende Teufel, der früher seinen Lieblingsaufenthalt in Madrid gehabt hatte, den kühnen Entschluss, Amerika einen Besuch abzustatten. Es war abends 8 Uhr, als er bei hellem Mondschein an Staten Island vorbei über den Hafen in New Yorks hinwegflog. Die Insel lag so reizend vor seinen Blicken, dass der hinkende Teufel nicht umhinkonnte, sich etwas näher umzusehen. Vertieft in den Anblick der Landschaft vergaß er gänzlich, dass er in den Lüften schwebe und seinen Mantel ausgebreitet halten müsse, um nicht niederzufallen. Er sank so rasch auf die Erde herab, dass er sich übel zugerichtet hätte, wäre er mir nicht in die Arme gefallen, welche ich ausgebreitet hielt, um einige Melonen, die ich im Garten gepflückt und in meine Schürze gelegt hatte, nach dem Hause zu tragen. Der kleine Teufel fiel mitten in die Melone hinein. Kopf und Füßchen hingen über meine Arme hinweg. Anfangs erschrak ich über die sonderbare Gestalt, welche so unerwartet in meine Schürze fiel. Die Melonen rollten auf die Erde, der kleine Teufel folgte ihnen nach. Rasch erhob er sich jedoch wieder, entschuldigte sein plötzliches Erscheinen mit höflichen Worten, gab sich als den Begleiter zu erkennen, welcher den französischen Schriftsteller Le Sage in der Hauptstadt Spaniens umhergeführt und erbot sich für die freundliche Aufnahme, die er in meinen Arm gefunden, mir einen gleichen Dienst in New York zu erzeigen. Ich nahm den Vorschlag des kleinen Mannes unbedenklich an. Er bildete rasch aus seinem Mantel eine allerliebste kleine Gondel mit zwei Sitzen, nahm auf dem einen Platz, ich ließ mich auf den andern nieder. Wir hoben uns und eilenden Fluges schifften wir durch die Lüfte.

Unterwegs sagte mir mein Begleiter: »Ich könnte, wie ich es in Madrid getan, die Dächer der Häuser in New York abdecken und Ihnen den Blick in dieselben eröffnen, allein die Stadt ist zu flach gelegen. Derselbe Mantel, der uns durch die Lüfte getragen, besitzt die Kraft, uns unsichtbar zu machen.« Ich war es zufrieden, und wir hielten an den Stufen der Stadthalle an. Der kleine Mann teilte sein Gewand in zwei Hälften, gab mir die eine und schritt leicht und rasch, in die andere eingehüllt, neben mir durch die Straßen der Stadt.

Wir kamen in eine stark besuchte Bierhalle, wo um zahlreiche Tische schmauchende Gäste saßen. Wir nahmen neben einigen anständig gekleideten Männern Platz, von denen einer mehrere Zeitungsblätter in Händen hielt und dabei sagte: »Es gibt keinen größeren Unsinn, als den Frauen gleiche Rechte mit den Männern zu geben.« Der Teufel stieß mich an und flüsterte mir ins Ohr, »der Mensch hat Recht, die Frauen zu hassen, denn er hat von ihnen mehr als hundert Körbe erhalten«. Ich lächelte. Der Redner fuhr fort: »Die Frauen stehen nicht auf gleicher Stufe mit den Männern, sie sind schwächer, reizbarer als wir und sind durch ihre Umstände oft Wochen und Monate lang ihrer selbst nicht mächtig.« Indem er dies sagte, wischte er die Brille, die ihm auf der Nase gesessen, ab, blies zwei Wolken dichten Tabakrauches aus seinem Mund hervor und nahm einen gewaltigen Schluck Bier zu sich.

Mich verdross der kurzsichtige Mensch, der seinen Geist dem Tabak und dem Bier allein zu verdanken schien, und ich sagte leise zu meinem Begleiter: »Die Frauen können doch sehen ohne Brille und denken ohne Hilfe von Tabak und Bier.« Mein kleiner Teufel entgegnete schelmisch: »Wir wollen einmal sehen, wie es mit seiner Reizbarkeit steht.« Zugleich schlug er dem Redner mit seinen langen Fingern ein leichtes Schnäppchen ins Gesicht. Die Brille fiel ihm aus der Hand, die Pfeife auf den Boden und das Glas auf den Tisch. Brüllend vor Zorn wandte sich der Korbträger an seinen Nachbarn und überhäufte ihn mit Schimpfreden. Mit Mühe beschwichtigten die anderen Gäste den Streit, jedoch erst, nachdem zuvor Gläser und Teller zertrümmert, Stühle umgeworfen, Dolche gezückt und verschiedene Zweikämpfe verabredet worden waren. *Uriel*, so nannte sich mein Begleiter, wandte sich nun zu mir mit den Worten: »Der Mann spricht von der Reizbarkeit der Frauen; selbst ist er aber keinen Abend nüchtern, sein Leben teilt sich in Besoffenheit und Katzenjammer.«

Die zerbrochene Brille ließ sich nicht wiederherstellen; mit Augen ohne Glanz und Leben saß der Jüngling am Tisch und brachte sein glattes Haar, welches im Laufe des Streites etwas zerzaust worden, mit seinen Fingern wieder in Ordnung. An die Stelle der zertrümmerten Pfeife trat eine Zigarre, und ein frisch gefülltes Glas ersetzte das umgestürzte. Sein Nachbar, ein rundes Männchen, dem man es ansah, dass er viele hundert Ochsen in seinem Leben verzehrt, setzte die abgebrochene Unterhaltung fort, indem er höhnisch bemerkte: »Es müsste ein schönes Leben geben, wenn die Frauen, statt für die Küche zu sorgen und ihre Kinder zu pflegen, in die Volksversammlung gingen, an den Wahlbewegungen teilnähmen und an den Wahltagen sich auf den Straßen herumtrieben.«

Sämtliche Gäste lachten laut auf und einer derselben mit blassem Gesicht und eingefallenen Wangen sagte: »Und wenn gar eine zur Präsidentin oder Oberrichterin gewählt würde, so könnte wohl der am sichersten auf Erfolg rechnen, welche es am besten verstünde, die Cour zu machen.«

Uriel hatte sich schon einige Zeit lang ungeduldig hin und her bewegt, jetzt flüsterte er mir zu: »Ich muss einen Spaß machen, gib acht!«

Mit lauter Stimme sagte er: »Wer sein Gehirn im Magen hat und wer nur ein kleines besitzt, täte besser zu schweigen.«

Verwundert sahen die Zecher in der Halle umher. »Ist ein Bauchredner unter uns?«, fragte der eine. »Wer hat sein Gehirn im Magen?«, der andere. »Wer hat nur ein kleines Gehirn?«, der Dritte. Ein Spaßvogel antwortete: »Der Bauchredner ist da«, indem er auf den kleinen runden Mann deutete, welcher behaglich seinen Leib strich, »und wenn man den da von hinten ansieht«, fuhr er fort, indem er den Kopf des mageren Jungens betastete, »so verschwindet das große neben dem kleinen Gehirn«. Lachend und lärmend erhoben sich die Gäste. Der Mann mit dem kleinen Gehirn ging mit dem Dickbauch auf die Straße hinaus. Wir folgten ihnen nach. Sie ging nicht lange zusammen, denn der erstere verlor sich bald in einer jener Straßen, welche nicht den besten Ruf genießen. Der andere eilte nach Hause. Wir hefteten uns an seine Fersen und schlüpften mit ihm zur Haustür hinein, als er diese öffnete. Seine Frau kam ihm mit dem Licht entgegen und sagte in ernstem Ton: »Ich habe dich seit zwei Stunden erwartet. In deiner Abwesenheit habe ich die Briefe geschrieben, welche Du nicht länger unbeantwortet lassen konntest. »Ganz gut«, stotterte das runde Männchen. »Willst Du sie nicht durchsehen«, entgegnete die Frau. Der Mann gähnte, rieb sich die Augen und sagte: »Ich bin müde und schläfrig.« »Nun, so unterzeichne wenigstens die Schreiben, damit sie abgesandt werden können«, bemerkte die Gattin und reichte ihm eine Feder. Er tat es, sie führte ihm dazu die Hand. Kaum hatte er mit Mühe seinen Namen geschrieben, so sank er schlaf- und biertrunken in den Stuhl, auf dem er saß, zurück. Wir, Uriel und ich, entfernen uns. Der Schlüssel stak inwendig in der Haustür. Wir brauchen ihn nur zu drehen, um wieder ins Freie zu kommen.

Auf der Straße angelangt, fragte ich meinen Begleiter: »Was halten Sie, Meister Uriel, von den Ansichten, die wir heute Abend vernommen haben?«

Uriel lachte höhnisch und erwiderte: »Als Teufel bin ich entschieden gegen *Freiheit und Gleichheit*. Also auch gegen die Freiheit und die *Gleichberechtigung* der Frauen. Wenn ich aber diese dummen Kerle die Sache der Unfreiheit und der Ungleichheit, welche die meine ist, so plump behandeln sehe, so ärgert es mich; denn schwerlich können solche Menschen noch lange Zeit ihre Vorrechte behaupten. Doch wir haben keine Zeit zu langen Reden. Es ist 11 Uhr, um Mitternacht habe ich andere Geschäfte, und wir wollen noch eine kleine Frauengesellschaft besuchen.« Uriel führte mich an dem Stadthaus vorbei an eine Straße, welche vom Broadway nach dem Hudson geht. Am Fuße zweier hoher Bäume, deren Äste bis in das dritte Stockwerk eines schmalen Häuschens reichten, blieb Uriel stehen. »Von da oben werden wir Zeugen einer Unterhaltung sein können, welche Sie ohne Zweifel mehr befriedigen wird als die Bierstube«, sagte Uriel. Zu gleicher Zeit breitete er seinen Mantel wieder aus, von ihm umhüllt, hoben wir uns und saßen plötzlich auf einem schwankenden Ast, welcher an einem offenen und hell erleuchteten Fenster sich vorbeizog. Nicht weit davon saßen drei Frauen um einen Tisch. Ein Band von Jean Pauls Werken lag aufgeschlagen vor ihnen. Die älteste von den dreien las die Worte vor.: »Je verdorbener ein Zeitalter, desto mehr Verachtung der Weiber. Je mehr Sklaverei der Regierungsform oder Unform, desto mehr werden jene zu Mägden der Knechte. Die Weiber steigen und fallen, veredeln und verschlimmern sich mit den Regierungsformen.«

Die Leserin legte das Buch aus der Hand und sagte: »So schrieb Jean Paul in dem geknechteten Deutschland vor mehr als drei Jahrzehnten, und jetzt besitzen wir in dem freien Amerika noch immer keine Menschenrechte!«

Bei diesen Worten flammte ihr Auge von tiefgefühlter Entrüstung. Die beiden Jungfrauen an ihrer Seite, die eine mit dunklem Haar, dunklen Augen und griechischem Profil, die andere mit blonden Locken und rosigen Wangen, drückten ihr die Hände. Die Jungfrau mit dem ernsten Gesicht erhob sich und sagte: »Ich könnte keinen Mann lieben, der sich über mich stellen wollte. Ich möchte ihn wohl hoch über mich in die Wolken heben, ich könnte ihn aber nur hassen, wenn er nicht auch zu mir hinaufblicken wollte.« Die junge Frau mit den blonden Locken lächelte und sagte: »Mir ist nicht bange, mein Alfred wird für die Rechte der Frauen kämpfen. Er ist ein *Kämpfer der Freiheit.* Ich liebe ihn doppelt, weil er dieselbe Entrüstung wie Du, teure Minona«, so fuhr sie gegen die Freundin gerichtet fort, »gegen die Feinde weiblicher Freiheit und Gleichheit fühlt.«

»In unseren Händen«, begann die ältere Frau von neuem, »liegt das Schicksal unseres Geschlechts. Wenn wir nicht selbst den Mut haben, für unsere Rechte in die Schranken zu treten, wenn wir nicht selbst uns über unsere Stellung im Leben klar sind, werden die Männer nicht für uns kämpfen, werden die Männer unsere Rechte nicht anerkennen.«

Minona, welche den Ausdruck der Pallas Athene in ihren Zügen und deren Würde in der Haltung ihrer Gestalt trug, entgegnete: »Du hast Recht, meine mütterliche Freundin. Aber indem Du uns zum Kampf aufforderst, brichst du den Männern den Stab. Sie kämpfen nur für einen kleinen Teil der Menschheit, wir für die ganze Hälfte derselben. Die Männer, welche für deutsche Freiheit, für italienische, polnische oder ungarische Unabhängigkeit kämpfen, aber an die Rechte der Frauen dabei nicht denken, oder wohl gar es natürlich finden, dass wir rechtlos sind, diese Männer kommen mir oft sehr klein und sehr beschränkt vor. Sie unterscheiden sich nicht wesentlich von den Spießbürgern, welche sich für ihre Zunft- und Gemeinderechte begeistern. Es fehlt ihnen der *Begriff der Freiheit* und *Gleichheit,* es fehlt ihnen die belebende *Idee.* Sie hängen nur an einigen Folgesätzen, an einigen Formen, deren Zusammenhang und Bedeutung sie nicht erkennen. Auch in der untergeordneten Sphäre nationaler, politischer und sozialer Freiheit wird niemand mit hoher Begeisterung kämpfen und mit voller Klarheit streben, der nicht die Entwicklung der Menschheit im Auge hat und die Bedeutung jeder Frage nicht misst nach ihrem Verwandtschaftsgrad mit dieser.«

»Wir sind hier nur zu dreien«, fuhr Minola in feierlichem Ton fort. »Doch auch in der Urzeit der Schweiz waren es nur drei, welche den Bund gegen die Tyrannen schlossen. Die Macht der Wahrheit ist so groß, dass ihr niemand widerstehen kann, sobald sie auch nur einen begeisterten Vertreter gefunden hat. Wir sind zu dreien; wir leben in einem Land, welches den Vertretern der Wahrheit wenigstens keine Hemmketten anlegt. Wollt Ihr mit mir den Bund schließen für die Rechte der Frauen?«

Minona blickte mit Zuversicht zuerst auf die ältere, dann auf die jüngere Freundin. Beide legten ihre Hände in die ihrige. Die ältere Freundin sagte: »Der Bund mit der Freiheit ist geschlossen.« Die Jüngere versetzte: »Ich führe Euch einen begeisterten Verbündeten in meinem Alfred zu.« Die ältere Freundin versetzte lächelnd: »Meine Kinder, welche in dem Nebenzimmer schlummern, werden einst kämpfen, wenn meine Stimme verhallt sein wird. Du aber, meine Minona«, fuhr sie fort, indem sie die Freundin umarmte, »Du wirst mehr als einen begeisterten Kämpfer für unsere heilige Sache erwecken.« Als sie dies sagte, drangen einige leise Töne aus dem Nebenzimmer. Die Mutter nahm das Licht, die beiden Freundinnen folgten ihr. Ich hörte noch die Stimme dreier Frauen, welche ein Wiegenlied sangen. Auf der benachbarten Turmuhr schlug es drei Viertel. Die Mitternacht war uns nahe gerückt. Uriel, welcher die ganze letzte Zeit hindurch ungeduldig gewesen war, stieß mich jetzt an und sagte: »Es ist Zeit.« Auf den Fittichen seines Mantels flogen wir von dem Baum auf die Straße nieder. Uriel verbeugte sich höflich vor mir und sagte: »Ich denke, wir sind quitt. Leben Sie wohl!« Bevor ich ihm antworten konnte, war er verschwunden.

Der Mond hatte sich hinter Wolken verborgen. Zahlreiche Sterne glänzten da und dort am Himmel. Indem ich gegen den Hafen meine Schritte lenkte, gewahrte ich den Mars und den Jupiter, zwei der Planeten unseres Sonnensystems. Der Gedanke durchzuckte mich: »Wohnen auf dem vierten und dem sechsten Planeten auch Wesen wie auf dem Dritten, der Erde, gibt es dort auch Männer und Frauen, Männer, welche herrschen wollen, und Frauen, welche dienen sollen?«

## DIE FEINDE WEIBLICHER FREIHEIT

Seit der Kampf um die höchsten Güter der Menschheit begonnen, seit die Träume, die Ideen von Gleichheit, Freiheit und Brüderlichkeit die Welt gleich leuchtenden Blitzen durchzucken, sehen wir auch allerorten und auf allen Gebieten des bewegten Lebens Auswüchse und falsch verstandene Anwendungen dieser Begriffe.

Die Männer ringen nach dem hohen Ziel, freie Wesen zu werden, indem sie des Vaterlandes Fesseln brechen, doch der anderen Hälfte der Menschheit (den Frauen) die Ketten abzunehmen, in welche sie geschlagen liegen, daran denkt die Mehrzahl der Männer immer noch nicht. Freilich sind des Weibes Ketten von anderem Metall geschmiedet als jene Fesseln, welche die Brüder in den Zuchthäusern und Gefängnissen mit sich umherschleppen, denn des Weibes Ketten sind *geistiger* Art und umso schwerer zu zertrümmern, als sie in dem Wahn und dem Vorurteil der Menschen bestehen. Wie wäre es möglich, die Freiheit mehr zu lästern, ihr mehr Hohn zu sprechen als dadurch, dass man die Hälfte des Menschengeschlechts von ihren Genüssen ausschließt? Sind diejenigen selbst der Freiheit würdig, welche anderer Freiheit in so hohem Maße beschränken und verkümmern?

Kann der einen richtigen Begriff von Freiheit haben, der sie auf die Hälfte der Menschheit beschränken will? Sind jene, welche die Freiheit nur für sich und ihr Geschlecht anstreben, nicht egoistisch und engherzig zu nennen?

Die Männer, welche das Weib als unter sich stehend betrachten, indem Sie ihm die Menschenrechte verweigern, sind übrigens nicht die einzigen Feinde weiblicher Freiheit. Leider schmieden auch nicht selten die Frauen selbst ihre Ketten fester, indem sie die Freiheit missverstehen und in deren Ausartungen ihre Rechte suchen. In den größeren Städten Deutschlands finden sich Frauen, welche unter Freiheit ein ungebundenes, zügelloses Leben verstehen. Sie glauben, sich aller übernommenen Pflichten entschlagen zu dürfen, wenn sie die Lust verlieren, sie zu erfüllen, ohne strafbar zu sein und ohne die Verachtung ihrer Nebenmenschen zu verdienen. Sie »emanzipieren« sich in ihrem Wahn, indem sie Tabak rauchen, sich auffallend kleiden, Nächte hindurch schwärmen und andere ähnliche Ausschweifungen begehen. Kann aber das Weib dadurch frei werden, dass es die Laster und Leidenschaften der Männer annimmt, oder wird es dadurch nicht noch mehr zur Sklavin gestempelt? Gewiss nicht.

Aber auch hier ist es meistens der Mann, welcher den größeren Teil der Schuld trägt, indem er zuerst seine Pflichten vernachlässigt, sich von der Frau zurückzieht, ihr keinen Anteil an vielen seiner Bestrebungen gönnt und so sie selbst auf Abwege drängt. Verlassen von ihrem Gatten und von seinem geistigen Leben ausgeschlossen, verfällt das Weib in jene Abart der Freiheit und geht unter. Eine Ausnahme sind diejenigen Frauen, welche sich von dem unwürdigen Mann trennen und ein Dasein beginnen, das sich auf ihre *Selbsttätigkeit* und ihre *Selbständigkeit* gründet.

Weiter finden wir eine Art Frauen, welche viel von Gleichberechtigung reden, aber dem Mann alle Arbeit überlassen und nur »Galanterie« in Anspruch nehmen. Sie verlangen gleiche Rechte mit dem Mann, wollen aber nicht die gleichen Pflichten übernehmen. Diese Art von Frauen findet sich sehr zahlreich in dem Lande der Freiheit: in Amerika. Sieht man hier nicht oft die Frau den Tag hindurch im Schaukelstuhl sitzen und ihre Befehle austeilen, während der Mann neben seinem Berufsgeschäft noch die Arbeiten des Hauses verrichtet, ja, nicht selten auf den Markt geht, um einzukaufen und sonntags selbst die Küche besorgen muss? Statt den Mann nach Kräften zu unterstützen und ihren Anteil an der Arbeit auf sich zu nehmen, jagen jene Frauen nur ihren Vergnügungen nach, putzen und schmücken sich den Tag über und verschwenden, was der Mann mühsam erworben hat. Ihr Geist bleibt bei einem solchen Dasein nicht frisch und ihr Leib nicht gesund. Vielmehr entwickelt sich natürlich aus einem solchen Lebenslauf die sogenannte nervousness (Reizbarkeit), welcher die Frauen so vielfach unterworfen sind; während, wenn sie mit frohem Mut ihren Anteil an der gemeinschaftlichen Arbeit verrichten, sie geistig und körperlich gesund sein würden.

So rächt sich in ihnen selbst das Verkennen der Freiheit. Sie wollen die Freiheit des Nichtstuns für sich. Sie machen den Mann zum Knecht und Lasttier. Sie sind die Erinnyen, die Rachegöttinnen der Frauen. Der Druck, welchen sie auf Ihre Männer ausüben, ist nicht minder schwer als derjenige, den das männliche Geschlecht über die Frauen verhängt.

Wohl sind diese Frauen schlimme Feinde der wahren Freiheit, und die Gegner der Menschenrechte verstehen es nur zu gut, bei jeder Gelegenheit Beispiele anzuführen, welche auf sie passen. Aber das spricht keineswegs gegen unsere gerechten Forderungen. Oder sind vielleicht die Männer vollkommene Wesen?

Wer hat wohl mehr die Treue gebrochen in der Welt, der Mann oder das Weib? Bei dem Mann soll nicht gerügt werden, bei der Frau ist es das größte Verbrechen, welches ihr die Verachtung ihrer Mitmenschen zuzieht. Der Mann kann seinen Leidenschaften freien Lauf lassen und bleibt immer noch ein sogenannter »geachteter Mann«. Und die Frau? Was ist sie in gleichem Fall?

Und doch sind beide Menschen, und doch könnte die Welt ebenso wenig ohne die Frau als ohne den Mann fortbestehen.

Das Recht des Stärkeren, welches bisher gegolten hat, muss aufhören und dem *gleichen Recht* Bahn machen. Die Zeiten der Barbarei sind vorüber, nachdem der Geist so oft siegreich aus dem Kampf mit der Materie hervorgegangen. Warum soll das Faustrecht immer noch unter zivilisierten Menschen, die sich frei nennen, gelten? Die Freiheit für alle muss das Losungswort des hochstrebenden Menschen sein, welcher den Geist der Neuzeit erfasst hat.

Den Frauen von Charakter ist es natürlich nicht schwer, sich unter allen Verhältnissen ihre Freiheit zu bewahren und ihren Geist fort und fortzuentwickeln. Soll aber dies ihnen genügen, sollen sie so eigennützig sein, zufrieden mit dem, was sie errangen, die Ketten anderer Frauen zu belachen oder zu bespötteln? Wäre dies Menschenliebe und Brudersinn? Aber eine Frau, welche Charakter und Freiheitssinn besitzt, wird nimmer ruhig zuschauen, wenn ihre Schwester oder ihres Bruders Freiheit geschmälert, ja, mit Füßen getreten wird. Sie wird vielmehr alle ihre Kräfte aufbieten, diese Ketten zu zertrümmern. Nicht so jene Frauen, welche von dem Dämon der Herrschsucht und des Hochmuts besessen, die Freiheit nur für sich anstreben, weil nur sie selbst hochgestellt und verehrt sein möchten und die Rechte der Gesamtheit ihren Ruhm und Glanz verdüstern dürften. Diese Frauen würden gar gern seinerzeit in der Republik wieder einen Götzendienst einführen, einen Altar bauen, auf dem ihr Bild stünde mit Kerzen umgeben, um angebetet zu werden.

Diese Feinde weiblicher Freiheit streben nicht nach Gleichstellung der Frauen mit den Männern. Denn Sie wollen, was ihre Personen angeht, sich noch hoch über den Mann erheben und seine Götzen sein? Es gibt unter ihnen welche, die sich freier Gesinnung rühmen, als ob Freiheit und Götzendienst jemals sich vereinigen könnten!

Noch vor kurzem sagte er eine jener Frauen: »Nach der Verehrung und Anbetung der Männer müssen die geistig gebildeten Frauen streben, das Weib müsse das Ideal, das unerreichbare, für den Mann sein, das er anbete.«

In früheren, alten Zeiten hätten die Völker die Venus als Heilige verehrt, die Katholiken beteten die Maria an, die Republikaner müssten seinerzeit auch im Vaterlande würdige Gegenstände der Anbetung (nämlich neue Heilige!) finden, und ein solcher wäre das Weib in seiner höchsten Vollkommenheit.

Je talentvoller und strebsamer diese Frauen sind, desto mehr gefährden sie die Gleichberechtigung der beiden

Geschlechter. Den Männern kann in der Tat nicht zugemutet werden, einen Teil der Frauen als unerreichbare Ideale anzubeten und den anderen als gleichberechtigte Wesen neben sich anzuerkennen. Es liegt tief im menschlichen Charakter begründet, dass der Überspannung die Abspannung auf dem Fuße folgt. Die beiden Abweichungen von dem natürlichen Recht der Frauen, welche sich gegenseitig entsprechen, sind auf der einen Seite der *Götzendienst* und auf der anderen die *Sklaverei.*

Eine dritte Klasse der Feinde weiblicher Freiheit besteht in jenen Frauen, welche blind an die Bibel glauben und den Lehren herrschsüchtiger Priester folgen. Sie lassen sich die untergeordnete Stellung des Weibes gefallen, weil sie in der Bibel lesen, die Frau sei aus einer der Rippen des Mannes gebildet worden und Gott habe zu Eva im Paradies gesagt: »Dein Gatte soll über dich herrschen.« Den einen ist die Bibel, den anderen das Wort des Priesters ein Heiligtum, dem sie ihre Freiheit und ihre Menschenwürde willig zum Opfer bringen. Sie ordnen sich dem Mann unter, weil sie es für eine religiöse Pflicht halten, wenn sie schon oft im Stillen darüber seufzen, dass Ihnen die Knechtschaft in der Bibel bestimmt worden sei. Je fester das Weib an dem Buchstaben der Bibel und an der Auslegung der Priester hängt, desto fester glaubt sie auch an ihre eigene Knechtschaft. Manchem Mann, welcher außerdem nicht die Kraft besäße, den Willen seiner Frau zu beugen, ist die Religion seiner Gattin eine erwünschte Verbündete, mit deren Hilfe er das arme Weib in Unterwürfigkeit erhält. So sehen wir, wie die Religion tief einwirkt in das Familienleben. Doch jede unwahre Religion ist für umwandelbar zu Verkehrtheiten im menschlichen

Leben. Der Gatte, welcher sich darüber freut, seine Frau durch religiöse Begriffe geknechtet zu haben, erfährt nur zu häufig, dass er mit der Freiheit ihr auch die Liebe genommen und dass der schlaue Priester, welcher seiner Gattin die Geheimnisse der Religion erklärte, bei dieser Gelegenheit nicht selten in ein innigeres Verhältnis zu ihr trat, als ihm lieb ist und als die Gesetze der Ehe gestatten. Es gibt keine Liebe ohne Freiheit, wie keine Freiheit ohne Liebe. Nur der Gatte, welcher die Liebe seines Weibes der Unterwerfung und ihren Glauben dem Aberglauben vorzieht, kann in der Ehe glücklich sein. Der Mann, welcher, statt seine Frau aufzuklären und ihre Begriffe zu läutern, sie in veralteten Aberglauben lässt oder gar befestigt, muss die Folgen seiner Lieblosigkeit immer selbst tragen.

Zum Schluss erwähne ich noch jene Frauen, welche die Bürgerin Roland in ihren »Denkwürdigkeiten« so meisterhaft schildert: »Jene sog. guten, aber der Welt und ihren Gatten selbst unerträglichen Hausfrauen, welche sich und andere mit ihren kleinen Angelegenheiten ermüden. Ich kenne nichts«, erklärt Frau Roland, »was widerlicher wäre als diese Lächerlichkeit und was einen Mann mehr bestimmen müsste, sich in jede andere Frau eher als in die seinige zu verlieben. Sie muss ihm als Haushälterin sehr gut erscheinen, aber eben nicht die Lust benehmen, anderswo die Annehmlichkeiten des ehelichen Lebens zu suchen.«

Sehr wahr fährt Frau Roland, welche selbst die verschiedenen Pflichten des Weibes trefflich zu verbinden wusste, weiter fort:

»Eine Frau soll, das Weißzeug und die Kleider in gutem Zustand erhalten, ihre Kinder nähren, die Küche anordnen oder selbst bestellen, ohne darüber viele Worte zu machen, und mit einer Freiheit des Geistes und einer Zeiteinteilung, welche erlaubt, von anderen Dingen zu sprechen und durch die Anmut ihres Geschlechts zu gefallen. Ich habe Gelegenheit gehabt, zu bemerken, dass es sich mit der Regierung der Staaten ungefähr ebenso verhalte wie mit derjenigen der Familie. Jene berühmten Hausfrauen, welche sich jederzeit auf ihre Arbeiten berufen, lassen viele im Rückstand oder machen sie jedermann peinlich: Diese geschwätzigen und geschäftigen Staatsmänner machen so viel Lärm von den Schwierigkeiten ihrer Stellung nur, weil sie zu ungeschickt sind, dieselben zu besiegen, oder zu unwissend, sie zu beherrschen.«

Hausfrauen, wie Frau Roland sie schildert, blicken nicht selten mit unverstelltem Grimm auf jene Mitglieder ihres Geschlechts, welche von einem höheren Geiste beseelt über die Schranken der Küche und des Kellers hinausstreben. Weil sie selbst unfähig sind, einen höheren Aufschwung zu nehmen, weil sie von beschränkten Gevattern und Gevatterinnen wegen ihrer guten häuslichen Ordnung gepriesen und gerühmt werden, weil sie keine höheren Güter kennen als diejenigen, welche Geldeswert haben, betrachten sie jeden Gedanken als überflüssig oder selbst verderblich, welcher die Gleise des Alltagslebens verlässt.

Auch diese Feindinnen weiblicher Freiheit stehen Männer gleicher Beschränktheit gewöhnlich zur Seite. Blickte der Mann über den engen Kreis seines Geschäftslebens hinaus, richtete er seine Gattin aus ihrer gebückten Stellung auf, so könnten beide vereint Genüsse haben, welche die reichste Tafel und der glänzendste Haushalt nicht bieten.

Auch die Tiere essen und trinken zusammen, auch die Tiere haben Nester. Doch nur die Menschen hegen Bestrebungen, welche über den engen Kreis der Familie und der nächsten Bekannten hinausreichen. Nur die Menschen sind durchglüht von Freiheitsliebe und Rechtsgefühl. Eine Gemeinschaft, welche diese edelsten Empfindungen ausschließt, kann nicht das Ideal menschlicher Vollkommenheit sein. Ein Leben der Familie, der Gesellschaft, der Kirche und des Staates, welches die Frau dem Mann feindlich gegenüberstellt, statt sie ihm in gleichberechtigter Liebe zu verbinden, muss bekämpft werden, ebenso wohl zum Besten des Mannes als der Frau. Dadurch allein, dass dem Weib *gleiche politische Rechte* eingeräumt werden, lassen sich alle diese Auswüchse beseitigen, welche ich geschildert habe.

Die *gleichberechtigte* Frau wird nicht in der Ausschweifung, nicht in der Trägheit, nicht im Götzendienst, nicht in dem blinden Gehorsam und nicht in den materiellen Genüssen die Aufgaben ihres Lebens erkennen. Sie wird auf der Stufenleiter der wirklichen menschlichen Bedürfnisse hinansteigen, von Küche und Keller, von dem Kinderzimmer bis zu den höchsten Sprossen des staatlichen und menschlichen Lebens.

# DIE FRAUEN UND DIE REVOLUTION

> Es gilt in diesen Stunden
> Nicht mehr der Minne Spiel.
> Es gilt nicht bloß die Wunden
> Zu waschen dem, der fiel –
> Ihr sollt Euch selber rühren,
> Aus Eurem *Nichts* befrei'n;
> Dann sollt Ihr uns Wallküren
> Und sollt Velleden[63] sein«
> G. *Kinkel*

Jedes Frauenherz, das für die Freiheit empfindet, wird diese Worte des deutschen Dichters innig begrüßen und danach trachten, sie zu einer Wirklichkeit zu gestalten. In das Innere der Frau muss erst gedrungen sein der Geist, der sie treibt, Anteil zu nehmen an den Bestrebungen und Kämpfen ihres Vaterlandes, der sie erhebt über die Alltagswelt und sie lehrt, die Pflichten ihrer Familie in harmonischen Einklang zu bringen mit denjenigen ihrem Vaterland gegenüber. Einen mächtigen Hebel wird die heilige Sache gewinnen, wenn die

---

63 Velleda ist eine deutsche Göttin und Prophetien (69 n. Chr.), die in Norddeutschland verehrt wurde.

Frauen ihr mit Begeisterung dienen, wenn sie auch ihren Anteil an den Pflichten und den Rechten des Menschengeschlechts übernommen haben werden. Auf der Knechtschaft beruht die Tyrannei; die wahre Freiheit schüttet ihr Füllhorn aus über alle Menschen, die Männer wie die Frauen! Nur die falsche, trügerische hat es bisher vermocht, die Hälfte des Menschengeschlechts auszuschließen. Noch ist der Staat, wo die Freiheit in allen ihren Folgerungen gleich beglückend über alle Menschen waltet, nur in unseren Träumen heimisch. Er hat noch nicht bestanden, obschon er seit Jahrzehnten von den Völkern angestrebt, obschon für dieses Ideal Tausende jubelnd ihr Herzblut verströmten – noch ist er doch niemals ins wirkliche Leben getreten!

Noch ist die wahre Freiheit nicht Herrscherin gewesen auf Erden! Aber sie kann auch dann erst kommen, wenn das ganze Menschengeschlecht arbeitet, sie herbeizuführen. Wenn das Alltagsleben, das Streben nach niederen Genüssen und Freuden, Raum gemacht hat dem Geistesfluge, dem höheren Streben, das allein und zum Ziel führen kann.

Von Stufe zu Stufe ist seit den Zeiten des Mittelalters, da die Finsternis und Knechtschaft ihren Höhepunkt erreichten, die Menschheit immer fortgeschritten und hat die Freiheit ihre Bahn immer mehr geebnet.

Auch die eine Hälfte der Menschen (die Frauen) ist, obgleich sie rechtlos war, vorangeschritten auf dem Weg der Bildung und Erkenntnis, wenn schon beschränkte Menschen, so wie früher, auch noch heute dem Entwicklungsgang der Frauen Steine in den Weg legen und Hemmschuhe in das rollende Rad der Zeit legen möchte. Die Mehrheit hat doch erkannt, dass die Frauen in einen höheren Kreis von Ideen eintreten, dass sie aufhören müssen, bloß gute »papianische Kochmaschinen, Schäfer'sche Waschmaschinen, englische Spinnmaschinen und Girtanner'sche[64] Respirationsmaschinen zu sein.

In der Entwicklungsgeschichte der Menschheit greifen auch Frauen dieser Art ein, allein sie üben nicht einen großen erhebenden Einfluss aus, sie begeistern ihre Männer nicht und reichen ihnen nicht die Muskete zum Freiheitskampf, sie löschen vielmehr die heilige Begeisterung aus und rächen sich auf diese und mannigfaltige andere Weise dafür, rechtlos zu sein, wenn sie schon selbst sich dessen nicht klar sind!

In den Freiheitskämpfen, welche hinter uns liegen, hat man gefühlt, wie mächtig der Einfluss des Weibes auf die Revolutionen, und dass es von der höchsten Wichtigkeit war, neben den tatkräftigen Männern glühende begeisterte Patriotinnen zu haben.

Ehe aber die Frau eine wahre Republikanerin sein kann, muss sie den Geist der Freiheit erfasst, muss sie nachgedacht haben über ihre eigene Stellung im Leben. Nur so erreicht sie die Stufe, welche sie erreichen kann und erreichen muss. Nicht mehr Sklavin der Mode, des eitlen Putzes soll die Frau im neuen Staat sein. Fern von sich werfen muss die Republikanerin die Schlacken der Eitelkeit, der Schöntuerei auf der einen und des Sklavendienstes auf der anderen Seite.

Bei den heiligen Kriegen, welche für die Freiheit gekämpft wurden, haben sich allerdings hier und da im deutschen Vaterland, in Italien, Ungarn und namentlich im badischen

---

64 Christoph Girtanner (1760–1800) war ein schweizer Arzt, der den Sauerstoff zum »Lebensprinzip der ganzen organischen Natur« erklärte.

Oberland Frauen durch Wort und Tat beteiligt, doch deren Zahl war bisher gering. Sie wird, sie muss sich von Tag zu Tag mehren, je schwerer der Druck der Tyrannei, je allgemeiner die Freiheitsbestrebungen der Völker werden. Der entscheidende Sieg kann der Sache der Völker erst werden, wenn die Frauen für sie gewonnen sind. Kossuth[65] appellierte oft an die Vaterlandsliebe der Frauen seines Heimatlandes, er hielt auch an sie jene begeisternden Reden, welche hier zu hören uns vergönnt ist.

Als er in Ungarn auf dem Lande umherreiste, den Landsturm aufzubieten, geschah es nicht selten, dass er in Abwesenheit der Männer die Frauen auf den freien Plätzen zusammenkommen ließ und sie zu begeistern verstand für die Sache des Volkes. Die Folge seine Ansprachen an die Frauen, die Folge der Ideen, welche er in ihnen anregte, war, dass diese ihren Männern die Waffen entgegenbrachten, und diejenigen unter ihnen, welche noch schwankend waren, antrieben, in den Kampf zu ziehen.

Auch Mazzini regte in Italien die Aufopferungsfähigkeit und Teilnahme der Frauen an der Revolution an – und nicht erfolglos, wie zahlreiche heroische Taten von Frauen uns beweisen.

Wenn die Frauen einmal die Stellung im Leben sich errungen haben, die ihnen zukommt, dann erst kann eigentlich von ihrem Tun gesprochen werden. Bis jetzt war die Frau ausgeschlossen von dem öffentlichen Leben und Wirken. Sie wird von Jugend auf nicht dem Mann gleich geistig gebildet, und wenn sie sich verheiratet, muss sie den Eid ablegen,

---

65  Lajos Kossuth war einer der Anführer der ungarischen Unabhängigkeitserhebung gegen Österreich.

ihrem Mann gehorsam zu sein und ihn als ihren Herrn zu erkennen. Ist das eine des freien Menschen würdige Stellung? Zur Sklavin herangebildet, nur auf einen engen Kreis der Wirksamkeit beschränkt, kann das Weib natürlich nur den nachteiligsten Einfluss auf ihren Gatten ausüben.

In den Zeiten des Freiheitskrieges von 1813 bis 1815 erwiesen die Frauen sich allerdings vielfach tätig. Daher mehr mit den Händen als mit dem Geist. Was ist aber alle erwiesene Liebe und Pflichterfüllung ohne Geist?

Sie wuschen die Wunden und pflegten die Kranken. Tun das nicht auch die barmherzigen Schwestern und Nonnen. Sie sammelten Geld u.s.w., aber das geistige Streben fehlte. Die Vereine von 1815 wurden nicht zusammengehalten durch ein solches. Und ihre Wirksamkeit war daher nur eine geringe im Vergleich zu derjenigen, welche sie als freie, geistig gebildete Frauen hätten erringen können. Die Frucht der sogenannten Freiheitskriege der Jahre 1813–1815 war nicht die Freiheit der Völker, sondern nur der Sieg der Mehrheit der Tyrannen über deren Minderheit, des russischen Tyrannen mit seinen Verbündeten über den französischen mit den seinigen.

Wiederum nahe ist die Zeit, welche die Völker auf dem Kampfplatz ruft, nahe die Zeit, wo die Jungfrau den Geliebten, die Frau den Gatten soll begeistern, dass ihm der Abschied leichter werde und die Kampflust wachse.

»Ihr sollt Euch selber rühren

Aus Eurem Nichts befreien«

ruft Euch der Dichter zu! O, diese Worte schreibet tief in Eure Seele und handelt danach! Nur durch euch selber, Euer Geisteswirken könnt ihr freie Frauen werden? Die äußere Freiheit, Gleichberechtigung mit dem Mann erkämpfen die Freiheitskämpfer, welche für die *Menschenrechte* ihr Leben einsetzen. Die geistige Freiheit müsst Ihr Euch selber erringen.

## BILDUNG MACHT FREI!

Was hilft alles Streben nach freien Institutionen, was der momentane Sieg der Freiheit, wenn dem Volk nicht die sittliche Kraft innewohnt, den Sieg zu behaupten?! Nur durch die Legung des allein haltbaren und tragfähigen Fundaments allgemeiner Bildung und Solidität kann dem Staats-Gebäude eine ewige Dauer gegeben werden. Solange schnöder Eigennutz und alle damit Hand in Hand gehenden gemeinen Gelüste und Begehren der großen Masse regieren, solange sich das allgemeine Sinnen und Trachten nur um das unselige Mein und Dein dreht, solange ist das Volk absolut keines höheren Aufschwungs fähig, solange ist selbstredend ein einträchtiges Zusammenwirken im Interesse der Wohlfahrt des großen Ganzen eine positive Unmöglichkeit, und solange kann einem hier und da durch die Zeitverhältnisse erzwungenen kleinen Fortschritt in der politischen Entwicklung einzelner Völker nur ein großer Rückschritt auf dem Fuße folgen, wie dies uns die Weltgeschichte genug beweist. Der alltägliche Streit um Geld und Gut unter den Menschen erstickt nach und nach jeden guten inneren Keim, und dieser stete Streit und Kampf um tote Habe wird so sehr den meisten zur zweiten Natur, dass zuletzt nur noch Hass und Rache die Zügel führen und ganze Völker zugrunde richten. Eintracht baut Häuser, Zwietracht reißt sie nieder. Zwietracht kann aber nur aufkommen, wenn der Mensch sein besseres Ich abstreift, sein geistiges Wohl außer Augen lässt, äußeren Phantomen nachjagt und sich im Schmutz der Gemeinheit wälzt.

Seht das Volk dieser Union, wie weit es mit seinem krassen Materialismus, mit seinem ausschließlichen Hang an trügerischem Gut gekommen! Es zerfleischt sich selbst, und die einst so glorreiche Union bietet jetzt das Schauspiel völliger Zerrissenheit und eines furchtbaren Kampfes roher Leidenschaft. Woher aber kommt es, dass die sinnliche Natur bei so vielen vorherrschend ist? *Durch den Mangel an Bildung.* Gebt dem Volk eine durchgreifende Bildung, und ergreife jeder die sich bietende Gelegenheit, sich selbst zu bilden, und der Auferstehungstag der Menschheit ist nicht fern. Nur der Gebildete kann frei sein. Der Ungebildete ist ein Sklave seiner Sinne.

Es ist eine schwere Aufgabe, die Wege anzubahnen und die Bildung allen zugänglich zu machen. Die Hindernisse sind gewaltige und viele. Vor allem ist es der Widerstand, den das Heer von Blutegeln, das an der heutigen Gesellschaft saugt, im Interesse der Selbsterhaltung zu leisten gezwungen ist. Doch dessen Tage sind gezählt, sobald nur einmal der allgemeinen geistigen Erhebung Bahn gebrochen ist, und dies ist geschehen, sobald nur einmal eine kleine Schar sittlich starker, tatkräftiger Männer sich sammelt, die alles daransetzen, um die Bildung zum Gemeingut aller zu machen. Vorerst heißt es, in kleinen Kreisen oder unermüdlich gearbeitet, und diese kleinen Kreise werden sich erweitern, sie werden zu großen werden. Ist nur einmal die Fackel der Erleuchtung ins Volk getragen, so wird schon die unüberwindliche Kraft der Wahrheit alle Hindernisse besiegen. Leider genoss bis jetzt der Reiche das Vorrecht, sich allein die Bildung zueignen zu können, und daher stammen alle Übergriffe, die man sich gegen das arme dumme Volk erlaubte und noch erlaubt, daher stammen all die politischen und sozialen Übelstände, unter deren Druck wir leiden und deren Beseitigung unsere einzige Rettung ist. Trotz alledem und alledem, ob Armut unser Los auch sei, rufen wir: Nicht verzagt, Bahn frei der guten Sache, *Bildung für alle*.

Der erste Schritt zum Ziel ist, dass sich jeder von uns so viel wie möglich selbst bilde. Ist einmal ein guter Kern da, sind tüchtige Kräfte gewonnen, dann wird unser Wirken leicht, dann brechen wir mit aller Kraft die Schranken nieder, welche die heutige fluchwürdige Gesellschaft uns entgegenstellt, und den Grundstein der neuen Gesellschaft bildet die Allmacht eines freien, weil gebildeten, intelligenten Volkes. Man sage nicht, man könne sich nicht selbst bilden. Die einzige Grundlage der Bildung ist das Selbststudium, das eigene ernste Streben nach Erfassung und Verständnis der Wissenschaften. Wer sich ganz dem Erfolg des Einprägens und der persönlichen Belehrung durch andere überlässt, der eignet sich nur die Glasur der Bildung an. An ein gründliches Wissen ist nicht zu denken. Und will er sich in eine wissenschaftliche Unterhaltung einlassen, so kehrt sich gar schnell der Stockfisch heraus.

Es gibt eine Menge von Arbeitern unter uns, die nie Gelegenheit hatten, höhere Erziehung und höheren Schulunterricht zu genießen, und die trotzdem jeder gebildeten Gesellschaft Ehre machen, aus dem einfachen Grund, weil sie nicht müde wurden, durch eigene Forschung die Geheimnisse der Künste und Wissenschaften zu ergründen, sich deren Verständnis zu erwirken, wobei ihnen die Lektüre der Werke der Klassiker den wesentlichsten Vorschub leistet. Hat der darin atmende Geist einmal unsere Denk und Fühlkräfte erfasst, so führt er uns auf Schwingen mit sich fort, und welche Seligkeit durchdringt den Armen, wenn er, trotz des Privilegs der Reichen, sich durch unermüdlichen Fleiß auf eine höhere Stufe der Erkenntnis alles Großen und Schönen emporgehoben hat, und sich dann in freien Stunden so ganz über die armselige Welt erheben und seinem Bedürfnis nach Schöpfung aus der reichen Quelle der Literatur alter und neuer Zeit freien Lauf lassen kann!

Gibt es hier doch so vielfache Gelegenheit, sich billig nach und nach in den Besitz der Klassiker, wenigstens der besten, zu setzen, und ist der hiesige deutsche Buchhandel auch noch auf einer niederen Stufe, so sind doch immerhin die bedeutendsten Schriftsteller zu haben, und die neue Bewegung auf dem literarischen Markt berechtigt zu den schönsten Hoffnungen.

Wenn schon die im Jahr 1856 von Weik in Philadelphia veranstaltete Ausgabe der Heine'schen Werke, die an Geschmack und Billigkeit nichts zu wünschen übrig lässt und bezüglich des Absatzes gewiss alle Erwartungen des Herausgebers übertraf, der Entwicklung des deutsch-amerikanischen Buchhandels einen großen Vorschub leistete, so hat die Hauser'sche Ausgabe der Börne'schen Werke denselben gekräftigt, und die Möglichkeit der nun im Verlag von Gerhard erscheinenden Original-Ausgabe der sämtlichen

Freiligrath'schen[66] Poesien – die erste Originalausgabe in den Vereinigten Staaten – hat vollends den Buchhandel über die größten Schwierigkeiten hinübergehoben. Gar manches Bedenken unserer heutigen Dichter und hiesigen Verleger wird nun schwinden, sodass wir gegründete Hoffnung hegen dürfen, bald mehr Originalausgaben der neusten Dichtungen unserer Zeitgenossen auf dem hiesigen Büchermarkt erscheinen zu sehen.

Die Herausgabe der Freiligrath'schen Werke im Originalverlag in der Union darf als ein Ereignis begrüßt werden. Dass nur Freiligraths Poesie es sein konnten, die den Originalverlag hier ins Leben einführten, liegt außer Frage; ist doch keiner unter unseren heutigen Dichtern, der Freiligrath den Rang des größten Dichters unserer Zeit streitig machen könnte und wollte. Zeichnen sich auch unsere alten Uhlands-Lieder durch Lebensfrische, Wahrheit und Wärme der Empfindung vor allen anderen Liedern unserer Tage aus, und sind seine Balladen und Romane als Kunstwerke der Charakterzeichnung unübertroffen, so tritt er doch bescheiden vor dem Wüstenfänger zurück, der durch die Lebendigkeit seiner Fantasie, durch die Glut und Pracht seiner Schöpfungen, durch seine ebenso stürmisch wilden wie schmelzend reichen Saitenklänge, durch die kühnen Griffe und Sprünge auf seiner Leier über alle weit emporragt, die den heutigen

66  Ferdinand Freiligrath gehörte zu den bekanntesten politischen Lyrikern im 19. Jahrhundert, zeitweise war er auch Redakteur der »Neuen Rheinischen Zeitung« von Karl Marx und Friedrich Engels. Als er wegen »Teilnahme an einem Komplott zum Umsturz der Staatsregierung« angeklagt werden sollte, emigrierte er über Holland nach England.

Musentempel zieren. Er nimmt den Leser im Sturm für sich ein, führt ihn auf echt brüderliche, jedem verständliche und zu Herzen gehende Weise über alle Klippen des alltäglichen Lebens hinweg auf die Höhe des Parnassus, zeigt ihm das Elend, die Laster und Gebrechen der unten ausgebreiteten Welt in allen ihren Abstufungen, zeichnet ihm mit Worten voller Feuer und Wahrheit, wie sie nur die Erfahrung sprechen kann, das Gemälde des Himmels, den die Musensöhne auf der Erde durchleben, und lässt ihn dann wieder langsam zur Erde niedersteigen, stufenweise ihn in die Geheimnisse der großen Kunst, mitten in dieser schlechten Welt glücklich zu leben, einweihend und ihn als treuen Freund vor all den Abwegen und Klüften warnend, in die gar viele blindlings hinabstürzen. Er belehrt und unterhält zugleich; er belehrt klar, leicht fasslich und tief durchdacht und unterhält auf die anmutigste herzstärkendste Weise. Gleichzeitig hat Freiligrath das Verdienst, den reichen Schatz seiner Kenntnisse sich nur allein durch sich selbst mit übermenschlichen Anstrengungen erworben zu haben. An ihm haben wir ein Vorbild, an dem wir uns emporrichten können. Keiner wird an der Unmöglichkeit gründlicher Selbstbildung verzweifeln, der Freiligraths, des Proletarierkindes und Proletarierfreundes Werke gelesen. Sohn eines armen Lehrers in der Bürgerschule zu Detmold, besuchte er nur bis zum fünfzehnten Jahr die Schule und hat sonst außer der Erziehung bei seinen Eltern keinen anderen Unterricht genossen. Er fühlte früh die Fähigkeit umfassender geistige Entwicklung in sich, und der Trieb, diese Fähigkeit zu entwickeln, war so stark, dass er, der sich der Handlung widmete, also des Tages über im Beruf tätig war, die Nächte zu Studien und politischen Versuchen benutzen musste. Die Anerkennung, die seine poetischen Arbeiten fanden, bewog ihn im Jahre 1839 die kaufmännische Laufbahn aufzugeben und ganz der Poesie zu leben. Nach mehrjährigem Hin- und Herreisen kam er 1846 nach London, woselbst er sich wieder kaufmännisch beschäftigte, bis ihn das Jahr 1848 mit seinen poetischen Bewegungen wieder nach seiner Heimat zog. In Düsseldorf war er an der Spitze der demokratischen Partei unermüdlich tätig, und seine damaligen Beiträge in der »Neuen Rheinischen Zeitung« werden vielen stets im Gedächtnis bleiben. Als die Reaktion in Deutschland eintrat, kehrte er nach London zurück und stand zuerst als Clerk in einem Handlungshaus, seit mehreren Jahren aber bekleidet er die Stelle eines Direktors der dortigen Schweizer Bank. Trotz der realistischen Bildung seines äußerlichen Berufes strahlt aus jedem seiner Gedichte das heilige Feuer der Muse in einem Grade, das hohe Bewunderung erregen muss. So arbeitete sich der arme Schulmeisterjunge zu einer höchst achtungsgebietenden Stellung hervor und wurde sich selbst der Stolz und Liebling seines Volkes. Sein äußeres und inneres Leben ist ein treues Gepräge des vielsagenden Schiller'schen Mottos.: »Das Schicksal schafft sich selbst der Mann.«

In Freiligrath steht ein reiner, erhabener Charakter vor uns. Wem noch nicht der Genuss gegönnt war, ihn persönlich kennenzulernen als den glücklichsten aller Gatten und Väter, als den wärmsten aller Freunde, als den begeistertsten Jünger der Muse, als den edelsten aller Freiheitskämpfer, »dessen Mund und Arm«, wie er selbst sagt, »nicht ermüden werden zur Erringung besserer Tage nach Kräften mitzuwirken und dessen Gesicht der Zukunft zugewendet ist«, dem wird der Umstand genügen, dass er im Jahre 1844 (zur Zeit der offen sich kundgebenden volksfeindlichen Tendenzen der preußischen Regierung) dem König Friedrich Wilhelm IV. die zwei Jahre lang von ihm bezogene Pension vor die Füße warf und sein »Glaubensbekenntnis«[67] unter das Volk schleuderte.

Freiligrath steht uns, den Sozialisten, sehr, sehr nahe. Kein Dichter vor und neben ihm hat die Mängel und Gebrechen der Gesellschaft so schonungslos bloßgestellt, das Elend ist Proletariats so ergreifend geschildert, so mutig uns das Banner der *sozialen Revolution* vorangetragen wie er. Er ist der beste, der stärkste Streiter für unsere Sache. Wir brauchen nur an sein: »Trotz alledem«, an sein »Die Klagen der Armen«, an seinen »Eispalast«, an sein »Die Toten und die Lebenden«, an seinen »Robert Blum«, an sein »Banditenbegräbnis« und seine »Revolution« zu erinnern, die im Jahre 1848 in aller Munde waren, und jeder wird den Mann wiedererkennen, der unsere größte Verehrung verdient. Seine Werke sollten in jeder Hütte sein, und seine begeisternden Gedichte sollte der alte Vater seinen geliebten Kindern in Feierstunden vortragen, damit Freiligraths Geist auch sie ergreife und ihr Charakter dem seinen sich nachbilde.

Wem es ernst ist mit seiner Selbstbildung, wer stolz ist auf den wackeren Kämpen für Veredelung unseres Volkes, der beweise es durch die Tat und schaffe sich des geliebten Dichters Werke an. Der Verleger hat, unbekümmert

---

67  In seinem Buch »Ein Glaubensbekenntnis«, 1844 veröffentlicht, richtete Freiligrath seine »Zeitgedichte« mit bis dahin ungekannter Schärfe gegen die Zensur und die preußische Justiz. Das Buch wurde kurz nach Erscheinen in zahlreichen deutschen Staaten verboten.

um den sehr fraglichen Erfolg in diesem materialistischen Land, den Vertrieb der Originalausgabe sämtlicher Werke des Dichters unternommen. Seine lobenswerte Absicht, die Werke auf jede Gefahr hin unter das deutsch-amerikanische Element zu bringen, sollte durch zahlreiche Subskriptionen anerkannt, und auf die gegen ihn von gemeinen Seelen erfolgten Angriffe sollte durch eine massenhafte Unterstützung des Unternehmens geantwortet werden.

Die Sache muss unbedingt Parteisache sein, denn Freiligrath ist der einzige anerkannt tüchtige poetische Vertreter unserer Partei. Beweisen wir ihm, dass wir alle Mann für Mann mit Herz und Arm Sozialisten sind und dass ein so ganz unbedeutendes Geldopfer wie das fragliche uns nicht bestimmen kann, der Sache unseren Tribut zu versagen.

Es ist wohl die schönste Aufgabe der Presse, zur Veredelung des Volkes kräftig mitzuwirken. Nachdem nun unser Arbeiterbund zu einem achtunggebietenden politischen Körper emporgewachsen und die vielen mit der Organisation und Hebung verbundenen Arbeiten so ziemlich beendet sind, wird unser Hauptaugenmerk darauf gerichtet sein, jener unserer Pflicht durch Beiträge über Kunst, Wissenschaft und Literatur bestmöglich nachzukommen. Wir werden alles Einschlägige nach und nach besprechen und auch nicht verabsäumen, hier und da einen ernsten Blick auf die Bretter, welche die Welt bedeuten, zu werfen.

## ÜBER WEIBLICHE ERZIEHUNG[68]

Reform ist die allgemeine Forderung der Gegenwart, und nirgends ist sie sicherlich mehr berechtigt als bei der Erziehung des weiblichen Geschlechts. Der Grundgedanke, welcher dem jetzigen Erziehungssystem als Richtschnur dient, ist der, dass die Frau nicht um ihrer selbst willen, sondern nur des Mannes wegen existiere. Dass die biblische Schöpfungsfabel das meiste zu dieser Auffassung beigetragen hat, ist klar. Das Weib wird erst nach dem Manne geschaffen, und zwar, wie es ausdrücklich heißt, damit der Mann nicht allein sei. Doch mit dem Glauben an die Bibel muss auch diese unwürdige und engherzige Anschauungsweise fallen, und dem Weibe müssen ihre eigenen, selbständigen Rechte zuerkannt werden. Wenn wir einen Blick auf die jetzige Erziehung werfen, so müssen wir zugestehen, dass dieselbe durchaus einseitig ist, da sie nur darauf berechnet ist, um Hausfrauen zu bilden. Nach der Verschiedenheit des »Hauses« richten sich die Mittel, welche man wählt. Die Töchter der Reichen sind bestimmt, ein »großes Haus« zu machen, und demgemäß werden sie systematisch zu Salon-

---

68  Als dieser Artikel erschien (23. 4. 1859 in »Sociale Republik«), war Amalie Struve mit ihrem ersten Kind (einem Mädchen) schwanger.

damen erzogen, zu wahren Karikaturen der Weiblichkeit. Putzsucht und Koketterie, Eitelkeit und Arroganz sind die gesellschaftlichen Tugenden, die ihm vom zartesten Alter an beigebracht werden. Und damit geht der Schulunterricht Hand in Hand. Da ist auf dem Stundenplan alles Mögliche zu finden, Geschichte und Chemie, Musik und Malerei, Arithmetik und Astronomie. Wir würden natürlich nichts gegen einen solchen Lektionsplan haben, wenn in all diesen Fächern gründlicher, gediegener Unterricht erteilt würde. Aber leider ist das nur ausnahmsweise der Fall, und das Hauptbestreben ist, den jungen Mädchen eine gewisse oberflächliche Politur zu geben, damit sie imstande sind, über alle möglichen Gegenstände mitzuplappern. Wir dürfen uns bei einer solchen Erziehung nicht über den Mangel an Sittlichkeit, Ernst und Gemütstiefe wundern. Auf der anderen Seite wird als die Bestimmung der Töchter aus den mittleren und ärmeren Klassen die Wirtschaftsführung erkannt. Sie werden auferzogen, um Aschenbrödel zu sein. Sie lernt stricken und nähen, braten und kochen und in der Volksschule die notdürftigsten Anfangsgründe des Wissens. Doch wie sehr auch die Erziehung der Töchter der Reichen und der Armen voneinander abweiche, darin stimmen sie überein, dass die Frau zur Abhängigkeit von dem Mann bestimmt sei.

Dieser Gedanke muss zunächst beseitigt werden. Wenn wir einmal dahin gekommen sind, dass wir der Frau das Recht zuerkennen, ebenso unabhängig dazustehen wie der Mann, so ist der Weg zum weiteren Fortschritt angebahnt. Der Mann sowohl wie die Frau sind auf das Familienleben angewiesen; aber erst dann, wenn *beide* gleich *unabhängig* dastehen, wird die Ehe wahrhaft menschlich sein, während sie jetzt nur eine Versorgungsanstalt ist, in der die beiden Teile im Verhältnis des Herrn zur Dienerin gegeneinanderstehen. Wie auch immer durch Gold und Juwelen durch Sammet und Seide dieses Verhältnis übertüncht werden mag, so bleibt es doch im Wesentlichen dasselbe. Die Frau übergibt sich körperlich und geistig den Mann, wogegen er die Verpflichtung hat, sie zu ernähren. Das ist die Quintessenz des Ehekontrakts. Es ist kein Wunder, dass weltliche und göttliche Gesetze zu Hilfe gerufen werden müssen, um diese »Heiligkeit« des Kontaktes aufrechtzuerhalten.

Die Unabhängigkeit der Frauen muss zunächst in ökonomischer Beziehung hergestellt werden, oder mit anderen Worten, es muss dafür gesorgt werden, dass die Frauen imstande sind, sich selbst zu ernähren. Dazu fehlt es ihnen jetzt fast an aller Gelegenheit. Vorurteil und Rohheit legen ihnen fast unübersteigbare Hindernisse entgegen. Und wenn einzelne Frauen mit Mut und Ausdauer sich ihre eigene Karriere schaffen, so werden sie von wenigen einzelnen dafür gerechte Anerkennung, von der Masse aber Spott und Hohn ernten. Wir verstehen unter Masse nicht die sogenannte ungebildete Volksklasse, sondern auch die »gebildete« Plebs, die durch die goldgefasste Lorgnette achselzuckend auf den »Blaustrumpf«[69] herabblickt. Man öffne den Frauen die Hörsäle und die Bibliotheken, und das auf Engherzigkeit basierte Vorurteil wird bald genug schwimmen. Die Beweise sind geliefert worden, dass Frauen in Künsten und Wissenschaften, in der Politik wie in der Literatur Bedeutendes geleistet haben; wie haben die Männer also ein Recht, für

69  Verächtliche Bezeichnung für eine »gelehrte« Frau, die ihre vermeintlichen weiblichen »Pflichten« vernachlässigt.

sich das Privilegium des Studiums zu beanspruchen? Wenn diejenigen Frauen, welche sich so auszeichneten, zu den Ausnahmen gehören, so ist das nicht die Schuld ihres, sondern unseres Geschlechtes, und die Behauptung, dass die Frauen überhaupt nicht zu tieferen und gründlichen Studien befähigt seien, hat gerade so viel Wert wie jene der Sklavokraten, die ihren Negern die Denkfähigkeit absprechen, dabei aber zu gleicher Zeit sorgen, dass diejenigen als Verbrecher bestraft werden, welche den Negern das ABC beibringen. Wir nennen eine solche Behauptung eine feige Beschimpfung, und zwar feige deshalb, weil die despotischen Herren der Schöpfung nicht den Mut haben, die Gleichberechtigung der Unterdrückten anzuerkennen, aus Furcht, ihre usurpierte Macht zu verlieren. In demselben Sinne sprechen auch die Fürsten vom beschränkten Untertanenverstand. Eltern also, die Töchter haben, sollten zuerst dafür sorgen, dass sie ihnen eine Erziehung geben, durch die sie in den Stand gesetzt werden, für ihren eigenen Lebensunterhalt zu sorgen, sodass sie nicht gezwungen sind, sich an den Meistbietenden zu verkaufen, um nur vor Hunger geschützt zu sein. Diese ökonomische Abhängigkeit der Frauen trägt die Schuld bei den meisten unglücklichen Ehen, denn sie werden nicht durch die freie Wahl der Liebe, sondern durch Bedürfnis geschlossen.

Die Frage über die Gleichstellung der Frauen hat, wie dies gewöhnlich bei Theorien zu geschehen pflegt, die den bestehenden gegenübertreten, zu Extremen geführt, welche den Gegnern willkommenen Vorwand darboten, um die ganze Frage ins Lächerliche zu ziehen. Alle Berechtigung beruht auf Naturgesetzen, und wo diese überschritten werden, hört jene auf. Die Natur nun hat dem Weibe eine andere Bestimmung zugewiesen als dem Manne, und nichts ist verkehrter, als wenn man die Emanzipation der Frauen dadurch herbeiführen will, dass man sie zu Männern zu machen sucht; d. h., dass man mit Hintansetzung der durch die Natur gebotenen Unterschiede beiden gleiche Sphären der Tätigkeiten anweist. Ein Mannweib ist ebenso widerwärtig wie ein Weibmann. Die Gleichstellung der Frauen ist vielmehr darin zu suchen, dass ihnen die Freiheit gewährt wird, dem in ihr schaffenden Drang nach Glück in derselben Weise folgen zu können, wie es dem Mann gestattet ist. Obgleich wir also gewiss nichts dagegen haben, wenn eine Frau Schlittschuh läuft, Billiard spielt oder reitet, so sind sie doch weit davon entfernt, in diesen trivialen Äußerlichkeiten das Wesen der Emanzipation zu finden.

*Des Weibes Leben ist die Liebe.*

Man betrachte das Mädchen, das mit der Puppe spielt, es zieht sie an und aus, herzt und küsst sie und wiegt sie singend in Schlaf, während der Junge nichts Eiligeres zu tun hat, als seinem Hanswurst die bunten Lappen vom Leibe zu reißen. Aus diesem kindischen Spiel entwickeln sich allgemach die beiden schönsten Blüten der Liebe, die Liebe zum Manne und die Mutterliebe. Beide können, wie alles Schöne, nur in der Freiheit gedeihen, und darum muss die Liebe frei sein. Wir haben als die eine Bedingung dazu in dem vorigen Aufsatz die ökonomische Freiheit des Weibes aufgestellt; eine andere ist die Nichteinmischung der Staatsgesetze. Keine Zeit ist mehr geeignet als die unsere, in welcher die sozialen Fragen, d. h., die Forderungen des natürlichen Rechts mehr und mehr in den Vordergrund treten, um die Ohnmacht gesetzlicher Bestimmungen für die sogenannte »Heiligkeit« der Ehe zu beweisen. Die Ehe ist heilig. Und soll es sein durch die gegenseitige Gattenliebe, nicht aber durch das Kriminalgesetzbuch. Mag der Pietist oder der Moralist in den tausenden von Ehescheidungsklagen, welche in den verschiedenen Staaten anhängig gemacht werden, einen traurigen Verfall der Religiosität und Sittlichkeit erblicken. Wir sehen darin nur den durch die Forderungen der Zeit hervorgebrachten Protest gegen die Einmischung von Staatsgesetzen in ein Verhältnis, bei dem die unbedingte persönliche Freiheit allein naturgemäß ist. Will man diesen Prozessen ein Ende machen, so sorge man dafür, dass das Mädchen so erzogen werde, dass sie ohne Furcht vor möglichem Mangel und Vorurteilen des Reichtums oder des Standes dem Mann ihrer Hand reicht, den sie von ganzem Herzen liebt.

Es gibt kein menschlich schöneres Verhältnis als das zwischen Mutter und Kind. Dichter und Künstler haben es mit Recht zum Gegenstand ihrer Muse gemacht. Gerade in diesem Verhältnis prägt sich aufs Klarste der Unterschied des Menschen vor den Tieren aus. Die Anhänglichkeit der Tiermutter beschränkt sich auf den Zeitraum, in welchem das Junge unfähig ist, für seine eigene Nahrung und Sicherheit zu sorgen. Dann hat sie ein Ende; die Liebe der Mutter dagegen endet erst mit ihrem Leben. Es ist ein großer Irrtum, wenn man glaubt, dass die Einwirkung der Mutter auf die Kinder sich nur auf die ersten Lebensjahre beschränke; ihr Einfluss erstreckt sich vielmehr durch das ganze Leben. Die erste Entwicklung des kindlichen Bewusstseins, das sich darin offenbart, dass es die Stimme der Mutter erkennt und ihr verlangend die Händchen entgegenstreckt, beruht auf ihr.

Und weiter ist es ihre natürliche Aufgabe, die Empfindungen und Begriffe im Gemüt und Verstand des wachsenden Kindes zu erwecken und zu pflegen. Nun aber weiß ein jeder, dass diese ersten Jugendeindrücke unauslöschlich sind. Von der Mutter lernt das Kind die ersten Begriffe von Recht und Unrecht, gut und schlecht, schön und hässlich, Wahrheit und Lüge. Sie muss die ersten Zeichen der sich offenbarenden Neigungen und Fähigkeiten erkennen und überwachen und deren Ausbildung liebend zu Hilfe kommen. Und damit legt sie den Grundstein zu dem Charakter der kommenden Generation. Sie ist nicht nur die Erzeugerin, sie ist auch die Bildnerin der Zukunft.

Wer will nun angesichts dieser Tatsache behaupten, dass es genügend sei, wenn eine Frau eine Rindersuppe kochen, ein Kalbsbraten spicken oder einen Strumpf stopfen kann? Wahrlich, diese hohen Talente sind nicht ausreichend, damit sie ihre Aufgabe, die Erzieherin künftiger Geschlechter zu sein, erfülle. Dazu gehört sogar noch mehr als ein wenig Zeichnen, Musizieren, Sticken und dergleichen; es gehört dazu die Fähigkeit, die Menschennatur zu begreifen und sie auf ihren ersten Stufen entwickeln zu helfen. Wenn nun auch allerdings zugestanden werden muss, dass die Natur das weibliche Gemüt mit einer besonderen Befähigung ausgestattet hat, so muss doch auch die Erziehung notwendig das ihrige dazutun, und zwar muss diese sowohl sittlich wie wissenschaftlich gediegen sein, damit der Charakter wie die Kenntnis der Frau den an ihre Bestimmung gestellten Anforderungen entspreche.

Wie viele Verbrecher würden von dem Los befreit sein, ein elendes Leben im Kerker hinzuschleppen oder es am

Galgen zu beenden, wenn eine treue, liebende Mutter ihre Jugendschritte geleitet hätte. Wieviel Laster würden wir weniger zu beklagen und zu strafen haben, wenn wir Mütter hätten, die so erzogen wären, dass sie selbst zu erziehen verständen. Mit Recht wird wiederholt darauf hingewiesen, dass eine soziale Reform nicht ohne vorhergegangene Erziehung denkbar ist. Wir, d. h. die jetzige Generation, haben uns mit dem Gedanken vertraut gemacht, dass unsere Hauptarbeit nur darin bestehen kann, den Samen einer besseren Zeit in die Herzen der unter uns aufwachsenden Jugend zu streuen; wahrscheinlich wird auch kaum die nächstfolgende Generation die Saaten keimen sehen.

Wohlan denn, so mögen wir da Hand anlegen, wo es am meisten Not tut, nämlich bei der Erziehung des weiblichen Geschlechts. Solange wir unsere Töchter zu Salonpuppen, zu lebendig umherwandelnden Seidenläden oder zu Aschenbrödeln, jedenfalls aber zu Sklavinnen der Mode, der Rücksichten und der Lebensnotdurft erziehen, solange sind alle Schulen fruchtlos. Erziehen wir unsere Töchter zu freien sittlichen Wesen, damit sie als Mütter ihren Kindern die Freiheit vererben können!

## BIOGRAFISCHE NOTIZ

Amalie Struve, weit weniger bekannt als ihr berühmter Gatte Gustav Struve, war eine bemerkenswerte, bis heute unterschätzte Frau. Ja, sie war in erster Linie Ehefrau, opferbereit und ihrem Mann in vielerlei Hinsicht »dienstbar«. Ihr Rollenverständnis war durchaus traditionell. Aber sie stellte sich aus voller Überzeugung in seinen Dienst, teilte seine Ziele und Ideen und bestand darauf, auch an seinen Taten teilzunehmen; zugleich war Amalie, absolut ungewöhnlich zu ihrer Zeit, sowohl selbständig als auch selbsttätig.

Am 2. Oktober 1824 wurde Elise Ferdinandine Amalie Siegrist als uneheliches Kind von Elisabeth Siegrist und dem Offizier Alexander von Sickingen in Mannheim geboren. Von Heiratsplänen der Eltern ist nichts bekannt, vermutlich hatte der Offizier eine »unstandesgemäße« Ehe abgelehnt – eine denkbar schlechte Situation für Mutter und Kind. Doch Amalie hatte Glück im Unglück: Nur wenig später, 1827, heiratete ihre Mutter den französischstämmigen Sprachlehrer Friedrich Düsar, der das Kind sogleich adoptierte und sich, trotz aller bescheidenen Finanzmittel, bemühte, sowohl Amalie als auch ihrem 1828 geborenen Bruder Pedro eine solide Bildung zukommen zu lassen. Es gelang ihm, Amalie an einem privaten, von einem französischen Emigranten geleiteten Mädcheninstitut in Mannheim unterzubringen, dessen Besuch nicht nur eine anspruchsvolle Ausbildung versprach, sondern, mindesten ebenso wichtig, dessen Abschluss sie berechtigte, als Lehrerin tätig zu werden – somit künftig ökonomisch unabhängig und nicht etwa auf eine »Zweckheirat« angewiesen zu sein. Sie wurde als Hauslehrerin für verschiedene Familien tätig und konnte schon früh zum Familieneinkommen beitragen.

Als ihr Stiefvater, Friedrich Düsar, im Herbst 1845 eine neue Anstellung für seine Tochter sucht, bittet er den Rechtsanwalt und Publizisten Gustav Struve um Vermittlung. Der braucht zwar keine Lehrerin, ist aber von der jungen Frau sofort angetan: »Ich sah Amalie, und mein Herz flog ihr entgegen«, als ginge ihm »ein neuer Himmel auf«, schreibt Gustav Struve über ihre erste Begegnung.[70]

Das muss auf Gegenseitigkeit beruht haben, denn nur wenig später, im November 1845, heiratete Amalie den 19 Jahre älteren Mann.[71] Nach allem, was man weiß, muss das, trotz aller Widrigkeiten – ständige Verhaftungen Gustavs wegen unliebsamer öffentlicher Äußerungen, ein fünfmonatiger Gefängnisaufenthalt schon im ersten Ehejahr – eine glückliche und erfüllte Ehe gewesen sein; von Seitensprüngen oder Streitigkeiten ist nichts bekannt. Und,

70 Zitiert nach Monica Marcello-Müller, a.a.O., S. XIV.
71 Interessantes Detail: Einer der beiden Trauzeugen des Paares war Karl Mathy, Freund und radikal-liberaler Mitstreiter, der 1848 das Lager wechselte, zum strammen Vertreter einer konstitutionellen Monarchie wurde und dessen eigenhändige Verhaftung von Joseph Fickler am 8. April 1848 der wohl entscheidende Auslöser war, dass Friedrich Hecker und Gustav Struve in den bewaffneten Kampf übergingen.

nicht unwichtig: Amalie und Gustav teilten nicht nur die politischen Ansichten, sondern pflegten auch eine für die damalige Zeit ungewöhnliche Lebensführung: Beide waren Vegetarier – wie füreinander geschaffen.

Als der demokratische Mitstreiter Joseph Fickler im April 1848 verhaftet wird, müssen Hecker und Struve befürchten, ebenfalls verhaftet zu werden, und beginnen kurzentschlossen den bewaffneten Aufstand (bekannt als »Heckerzug«). Amalie Struve besteht darauf, ebenfalls teilzunehmen, und begleitet das »Freiheitsheer« die ganz Zeit über im Versorgungswagen.

Von der Truppenstärke, der Ausbildung und der Bewaffnung her waren die Freischärler den fürstlichen Truppen deutlich unterlegen, und die Hoffnung, dass die württembergischen Soldaten – »Landessöhne« wie sie – in Scharen überlaufen würden, erfüllte sich nicht. So wurde dieser erste Aufstand nach nicht einmal zwei Wochen niedergeschlagen. In ihren »Erinnerungen an die badischen Aufstände« schildert Amalie Struve die Ereignisse eindringlich.

Die Struves konnten entkommen und sich in die Schweiz absetzen. Aber dort hielt es sie nicht lange. Schon wenige Monate später, im September 1848, zogen sie mit 50 Freiwilligen wieder nach Baden, wo Gustav Struve in Lörrach die »Deutsche Republik« ausrief. Diesmal dauerte der ungleiche Kampf nur wenige Tage. Im Gefecht um Staufen wurden seine inzwischen immerhin rund 4000 bewaffneten Mitstreiter entscheidend geschlagen. Amalie und Gustav Struve werden verhaftet und in unterschiedliche Gefängnisse verbracht, sie in den Freiburger »Turm«, er in die Festung Rastatt.

Als Amalie Struve plötzlich und unverhofft nach fünf Monaten ohne Verfahren entlassen wird – vermutlich fürchtete man eine peinliche Niederlage vor Gericht –, reist sie sofort nach Rastatt und schafft es, gegen alle Widerstände der Gefängnisverwaltung, indem sie unter Soldaten und Bürgern agitiert, die sich mit ihr schließlich solidarisch erklären, eine regelmäßige Besuchserlaubnis zu erlangen.

Nach einem Militäraufstand in der Bundesfestung Rastatt, wo sich die badische Garnison mit der revolutionären Bürgerwehr verbrüderte, wird Gustav Struve am 9. Mai 1849 in das Gefängnis Bruchsal verlegt, wo er nur wenige Tage später von Revolutionären befreit wird. Wieder ist das Badener Land in Aufruhr. Der gemäßigt liberale Politiker Clemens Brentano bildet eine provisorische republikanische Regierung, Gustav Struve wird im Juni in das Revolutionsparlament gewählt. Aber auch dieser Versuch währt nicht lange. Schon im Juli rücken preußische Truppen in Freiburg ein und übernehmen auch die Festung Rastatt, womit die Badische Revolution endgültig gescheitert ist.

Für die Struves beginnt nun ein unstetes Wanderleben. Gemeinsam mit dem Bruder Pedro, mit Karl Blind und Wilhelm Liebknecht ziehen sie durch die wenigen Länder, die ihnen noch Aufenthalt gewähren, das sind vor allem die Schweiz und England.

Aber das Leben ist prekär, Verdienstmöglichkeiten gibt es praktisch nicht. Also entschließen sie sich 1851, nach Amerika weiterzuziehen, dem damaligen Traumland der Demokratie, und lassen sich dort südlich von Manhattan, in Stapelton auf Staten Island nieder. Um den Lebensunterhalt zu verdienen, nimmt Gustav Struve wieder seine publizistischen Aktivitäten auf, und auch Amalie entwickelt sich nun zu einer eigenständigen Publizistin.

Das Pathos ihrer ersten, im Gefängnis in Tübingen und Londoner Exil entstandenen Texte tritt nun deutlich zurück, ihre Leidenschaftlichkeit aber bleibt in jeder Zeile erkennbar, wendet sich jedoch zunehmend den Rechten der Frauen zu. Gerade hier, in den USA, wo die Demokratie gesiegt hat und die allgemeinen Menschenrechte von der Verfassung garantiert sind, muss sie erkennen, dass die Revolution nur erfolgreich sein kann, wenn alle Menschen, auch die Frauen, in vollem Umfang daran teilhaben.

Dabei spart sie auch nicht mit Kritik an den (männlichen) republikanischen Mitstreitern, die zwar für die richtige Sache, für Freiheit und Menschenrechte eintreten, die dabei aber eine Hälfte der Menschheit (die Frauen) zu vergessen oder gar geringzuschätzen scheinen. Gustav Struve, in dessen Zeitungen sie einen Großteil ihrer Artikel veröffentlichte, scheint mit ihr darin völlig einverstanden gewesen zu sein. Auch hier passte, soweit man das in Nachhinein und von außen beurteilen kann, kein Blatt zwischen die Beiden.

Im Mai 1859 bringt Amalie Struve eine Tochter zur Welt, die bereits nach sechs Wochen stirbt. Im November 1860 kommt die zweite Tochter, Damajanti. Bei der Geburt ihrer dritten Tochter nur ein Jahr später verstirbt Amalie im Kindbett, gerade einmal 37 Jahre alt. Gustav Struve war untröstlich und gab diesem Kind den Namen der Mutter: Amalie. In seinen biografischen Notizen setzt er seiner verstorbenen Frau später ein Denkmal: »Sie hat einen größeren Teil an allen Errungenschaften als irgendein anderer Mensch. Sie allein hat mich ausgesöhnt mit einem Schicksal, das oft schwer auf mir ruhte, und einer Mitwelt, die mich nicht selten schwer verletzte. Alles Unglück, das ich erlebte, wog das Glück nicht auf, eine solche Seele zu besitzen, aller Hass, von dem ich heimgesucht wurde, nicht die Liebe, welche sie mir widmete.«[72]

Über das weitere Schicksal der beiden Kinder ist nur wenig bekannt. Nach der Amnestie von 1862 kehrte Gustav Struve im Juni 1863 nach Deutschland zurück und holte die Töchter nach einer zweiten Heirat zu sich nach Stuttgart, von wo aus die Familie nach Wien übersiedelte. Dort starb Gustav Struve 1870, 65-jährig, infolge einer Blutvergiftung.

*

Amalie Struve blieb eine weithin unbekannte Frau, obwohl sie einen nicht zu unterschätzenden Einfluss sowohl auf die amerikanische wie auch die deutsche Frauenbewegung nahm. Viele verstörte offenbar ihr traditionelle Frauenbild; sie war ein Kind ihrer Zeit. Verstörend ist jedoch tatsächlich, dass ihre Kritik auch an sogenannten »aufgeklärten« Männern heute noch aktuell ist. Noch mehr als hundert Jahre später, 1968, während der weltweiten Studentenproteste, beklagten Frauen, dass die Bewegung fast ausschließlich von Männern angeführt wurde, so dass sich in Deutschland beispielsweise ein »Aktionsrat zur Befreiung der Frauen« gründete und mit einem Flugblatt auf sich aufmerksam machte, das den berühmten Slogan »Befreit die sozialistischen Eminenzen von ihren bürgerlichen Schwänzen« enthielt.

Das hätte Amalie Struve natürlich nie so gesagt, dazu war sie gewissermaßen selbst viel zu »bürgerlich« – und zu

---

72  Zitiert nach Monica Marcello-Müller, a.a.O., S. XXVIII.

schüchtern; ihr Kampfplatz war der Schreibtisch, nicht die öffentliche Bühne. Provokationen oder persönliche Angriffe kamen ihr nicht in den Sinn. Auffälliges oder aufreizendes Verhalten, wie es beispielsweise eine Louise Aston an den Tag legte, würde der Sache eher schaden, wie sie in ihrem Text »Die Feinde der weiblichen Freiheit« darlegt.[73]

Kurz: Amalie Struve war keine »Emanze«, sondern eine konsequente Menschenrechtlerin, die die Männer hartnäckig an die eigenen Maßstäbe erinnerte und die Frauen zu ermutigen versuchte, ihre unveräußerlichen Rechte endlich selbst einzufordern.

Rüdiger Dammann

73 Der Name »Aston« wird in dem Text nicht genannt. Die geschilderten Einzelheiten (Wirtshausbesuche in Männerkleidern, öffentliches Zigarrenrauchen) sprechen jedoch eindeutig dafür, dass sie hier das die Öffentlichkeit polarisierende Beispiel Louise Astons vor Augen hatte (siehe auch den Louise Aston-Band dieser Edition).

# EDITORISCHE NOTIZ

Die »Bibliothek der frühen deutschen Demokratinnen und Demokraten« versammelt deutsche Demokratinnen und Demokraten aus den Revolutionsjahren 1848/1849 mit einer Auswahl ihrer Texte.

In diesem Zeitraum beginnt eine erste breite, eigenständige, genuin demokratische Bewegung in den 34 Staaten und vier Freien Städten des Deutschen Bundes, ausgehend von Baden und dem gesamten Südwesten. Die hier formulierten demokratischen Ideen, Pläne und Programme zur Errichtung einer freien, demokratischen Bundesrepublik auf der Grundlage allgemeiner Wahlen, einer sozialen Marktwirtschaft, eines elaborierten Grundrechtskatalogs, der Gewaltenteilung – eingebunden zudem in einer Union der anderen freien europäischen Nationen – fundieren unsere heutige demokratische Gegenwart.

Da die hier vorgelegten Texte nicht Teil einer »wissenschaftlichen« Edition im strengen Sinne sind, sondern die »Bibliothek der frühen Demokratinnen und Demokraten« eine »Publikums-Edition« sein möchte, haben wir die Texte, den heutigen Lesegewohnheiten entsprechend, orthografisch und grammatisch an die gegenwärtig vertraute Rechtschreibung angepasst.

Editorische Anmerkungen werden auf ein Mindestmaß beschränkt und nur dort vorgenommen, wo eine kurze Erläuterung (zum Beispiel bei der Nennung von Namen oder Ereignissen wie auch bei der Verwendung von heute nicht mehr gebräuchlichen Redewendungen) zum Verständnis des Textes erforderlich, mindestens hilfreich ist.

# QUELLEN

**Mann und Frau (Auszug)** | »Sociale Republik«, Nr. 2, 1. 5. 1858, S. 3;
abgedruckt in: Monica Marcello-Müller (Hrgin.): Frauenrechte sind
Menschenrechte. Schriften der Lehrerin, Revolutionärin und Literatin
Amalie Struve, Herbolzheim 2001, S. 143f.

**Erinnerungen aus den badischen Freiheitskämpfen (Auszug)** | Hamburg,
Hoffmann & Campe 1850 (fotomechanischer Nachdruck), S. 1–66,
S. 158–166.

**Eine badische Jungfrau** | »Deutscher Zuschauer«, Nr. 26, 31. 12. 1851,
S. 32ff.; abgedruckt in Monica Marcello-Müller, a.a.O., S. 42–45.

**Eine Republikanerin** | »Deutscher Zuschauer«, Nr. 4, 30. 7. 1851, S. 32ff.;
abgedruckt in Monica Marcello-Müller, a.a.O., S. 3–12.

**Die Frauen** | »Deutscher Zuschauer«, Nr. 2, 9. 7. 1851, S. 2; abgedruckt in
Monica Marcello-Müller, a.a.O., S. 57–61.

**Die Stellung der Frauen im Leben** | Deutscher Zuschauer, Nr. 25,
24. 12. 1851, S. 198f.; abgedruckt in Monica Marcello-Müller, a.a.O.,
S. 67–70.

**Der hinkende Teufel zu New York** | »Deutscher Zuschauer«, Nr. 7,
20. 8. 1851, S. 55ff.; abgedruckt in Monica Marcello-Müller, a.a.O.,
S. 62–66.

**Die Feinde weiblicher Freiheit** | »Deutscher Zuschauer«, Nr. 2, 16. 7. 1851,
S. 17f.; abgedruckt in Monica Marcello-Müller, a.a.O., S. 121–125.

**Die Frauen und die Revolution** | »Deutscher Zuschauer«, Nr. 26,
31. 12. 1851, S. 206f.; abgedruckt in Monica Marcello-Müller, a.a.O.,
S. 128–130.

**Bildung macht frei!** | »Sociale Republik«, Nr. 28, 30. 10. 1858, S. 6f.; abge-
druckt in Monica Marcello-Müller, a.a.O., S. 110–114.

**Über weibliche Erziehung** | »Sociale Republik«, Nr. 1 und 3, 23. 4. 1859
und 7. 5. 1859, jeweils S. 1f.; abgedruckt in Monica Marcello-Müller,
a.a.O., S. 115–118.

# NAMENSREGISTER

# Bibliothek der frühen Demokratinnen und Demokraten 1848/1849

Alle Titel auch als E-Book erhältlich

2023 jährt sich das Revolutionsjahr 1848 zum 175. Mal. Zu diesem Jubiläum der »Deutschen Revolution« erscheint eine einzigartige Buchreihe, in der erstmals die frühen deutschen Demokratinnen und Demokraten mit ihren Schriften, Biografien, Gedanken und Geschichten versammelt und gewürdigt werden. Im Zentrum stehen die beiden Revolutionsjahre 1848/1849.

Die ersten 5 von 16 Bänden erscheinen im Frühjahr 2023. Die einzigartige Bibliothek ist eine offizielle Kooperation mit der Paulskirchen-Stadt Frankfurt am Main.

Herausgegeben wird die Buchreihe von Jörg Bong,
Ina Hartwig, Helge Malchow, Nils Minkmar,
Walid Nakschbandi und Marina Weisband.

**edition** paulskirche